KB168230

냉혹한 자본주의 경영의 대안

따뜻한 자본주의 경영

안동수 지음

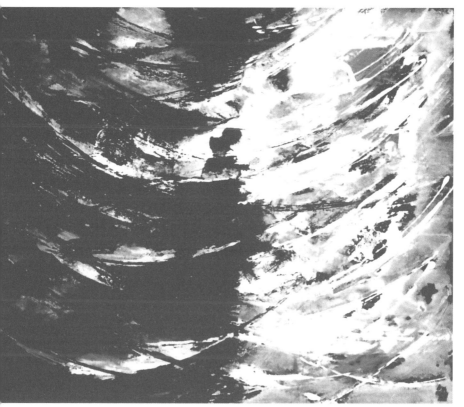

어두운곳에 빛을

대양미디어

| 요약 |

오늘날 거의 모든 기업들은 냉혹한 자본주의 바탕위에서 경영된다. 이윤을 창출하는 것을 최선의 목표와 미덕으로 삼기 때문이다. 그러면 이 과정에서 행복한 사람들은 누구일까? 많은 수입이 들어온 자본투자자, 기업목표를 달성해 보람을 얻은 기업경영자, 기업의 업무를 충실히 했다고 자부하는 종사자, 기업의 제품을 쓰고 만족해 하는 소비자들 등 몇가지 그룹으로 나눌 수 있겠다. 그러면 이들 중에서 누가 진정 행복하고, 그 비중은 어떨까?

오늘날 사회의 다양한 현상을 보면서 우리는 몇몇 소수의 자본투자자 외에는 별로 행복해하는 사람이 그다지 많지 않다고 믿고 있다. 그야말로 냉혹한 경제적 현실 앞에서 오늘을 살아가기에 급급할 뿐이기 때문이다. 더구나 정신적으로 더 피폐해 갈 냉혹한 자본주의의 미래는 우리를 불안하게 한다.

그래서 필자는 이에 대한 해결방안을 찾고자 노력했다. 우선 요즘 편리하게 활용할 수 있는 것이 인공지능이라서 인공지능에게 "기업의 냉혹한 자본주의 경영을 개선할 방법은 무엇일까?"라고 물었더니,

"사회적 책임경영(CSR) 실천 / 고객 중심 경영 / 직원 복지 제공 / 환경보호 활동 / 협력적 경영"이라고 답을 준다.

우리 사회가 양극화되어가면서 대다수 국민들인 서민들이 경제적으로 어렵게 된 것은 국가 경영자들과 기업경영자들이 사회적인 책임을 제대로 하지 않아서라고 필자는 생각한다. 그 이유는 우리사회 경영자들이 하는 일 중에 '사회적 책임경영(CSR)'즉 사회공헌이 부족하기 때문이다.

그래서 "사회적 책임경영(CSR)을 실천하는 경영자의 리더십은 어떤 것인가?"를 인공지능에게 물어보았더니, "비전과 전략 / 역량 강화 / 이해관계자 대화 / 투명성과 책임성 / 지속 가능한 경영" 이라고 대답했다.

필자 생각엔 경영자들이 기업을 운영할 때 사회적으로 책임져야 할 조직의 CSR 실천을 성공적으로 이끌어나갈 수 있는 리더십을 발휘하면, 우리 사회가 많은 갈등을 줄여 한결 살만한 사회가 될거라고 생각한다. 이제는 수명이 다해가는 냉혹한 자본주의 기반의 경영방식을 따뜻한 인본 기반의 자본주의 경영으로 바꿔야 할 때가 되었기 때문이다. 같은 자본주의 경영이라고 혼란해 할 필요가 없다. 어느 것을 중요하게 가치를 두느냐만 결정하면 되기 때문이다. 그러나 누가 선택하고 실천하느냐의 과제가 남는다. 우선 고통받는 우리 서민들이 뭉쳐서 스스로 할 수밖에 없다.

이 책에서는 자본주의의 현실적 문제점들을 살펴보고, 이렇게 어려운 경제환경에서 힘들어하는 서민들이 어떻게 극복해야 하는지를 알아본다. 뒷부분에는 홍익인간 정신을 기본으로 하는 따뜻한 기업 경영 리더십의 성공사례와 미래를 개척하기 위해 사회공헌 리더십을 발휘하는 기업들의 몇가지 사례를 소개하였다. 이러한 사례들은 따뜻한 자본주의 경영이 이상에 그치지 않고 실현된다는 사실을 증명해 주고 있다.

따뜻한 자본주의 경영은 냉혹한 자본주의 경영의 대안이다. 이러한 목표로 기업을 운영하는 헌신적 지도자들에게 성원을 보내며 그 기업에 무궁한 발전을 기원한다.

2023년 3월 19일

저자 안동수

차례

| 요약 |

제1장 인공지능이 말하는 기업의 경영 방향 ················· 11
기업의 냉혹한 자본주의 경영을 개선할 방법은 무엇일까 /
사회적 책임경영 실천의 방법은 무엇인가 / 사회적 책임경
영을 실천하는 경영자의 리더십은 어떤 것인가

제2장 금융자본주의 이야기들 ······························ 17
시대적 가치가 이끌어온 역사의 변화 / '한강의 기적'을 이끌
어 온 한국 자본주의 / 금융 만능주의의 실패 / '금융자본주
의의 파산' / 중국이 미국을 보고 얻은 교훈

제3장 심각한 자본주의의 양극화 ······················· 33
경제 양극화의 흐름 / 경제 양극화 원인 / '약탈적 자본주의'
의 현장, 한국 / 정신문화와 경제 / 금융 만능주의의 이중성
/ 금융계가 밝히지 않는 진실 / '양극화 생산 기계' / 양극화
의 문제점

제4장 피케티의 『21세기 자본론』 ······················· 55
욕심주머니 속의 약한 인간 / 황금을 쌓아두고 굶어 죽은 사

람들 / 시장경제는 가난한 사람들에게 작동하지 않는다 / 법
대로 해도 공존경제다 / 경제 세계화의 꼼수 / 피케티의 『21
세기 자본론』의 핵심 내용 / 『21세기 자본론』으로 본 발전
방안 / 승자독식에서 상생의 인본주의로 / 미래 경제사고의
틀 / '낙타형 소비자, 사자형 소비자' / 새로 태어나는 신뢰
자본주의

제5장 실패했다고 기죽지 말자 ······ 85
실패가 스승이니 박대 말라 / '오줌 묻은 밥' / 인간 내면의
생명력은 무엇인가 / 부채의 탕감 / 내 부채탕감 받기 / 저승
사자도 무서워할 인생 후반전 / 노년의 도전 / 용기와 희망
의 발전기를 돌려라 / 돈의 포로가 되지 않으려면

제6장 경제이념을 바꿔야 하는 이유들 ······ 107
자본주의에서 공산주의로 변화 / 글로벌 투기 자본주의 / 텅
빈 가슴 서민경제 / 자본주의 400년에서 특이한 이야기들
/ 미국의 고금리 정책의 문제점 / 특이점, 싱귤래리티가 왔
다 / 앞으로 오는 재산의 디지털화 혁명 / 미래의 경제조직
DAO / 이기적 자본 기반 플랫폼의 한계와 대안 / 수직적 관
료주의에서 수평적 기업체계로의 전환 / 미래 기업은 따뜻
한 자본주의 경영으로 가야 성공한다

제7장 한국이 글로벌 경제를 선도하려면 ······ 127
정치적 안정성 긴요 / 신기술 문명 기반 사업의 실용화 / 미
래 금융 가상자산 산업의 선순환 구조화 / 코인경제의 발전

/ 미래 금융 가상자산 산업의 차기 시나리오 / 한국을 디지털 금융의 중심지로 / 블록체인 3강체계 디지털산업의 단계적 발전 전략 / 한국정부의 CBDC 대처 시나리오 / 한국정부의 메타버스 대처 시나리오 / 미국과 중국 양대 글로벌 권력의 재편 / ESG경영 체계 확립

第8장 신뢰자본은 이렇게 형성된다 ·················· 145
네 차례의 혁명이 가져온 가치 / 블록체인의 인문학적 가치 / 인간의 인성과 심리 구성 / 호킨스의 『의식혁명』 / 따뜻한 마음 경영 / 인간이 불행해지는 이유 / 마음속에 자라는 잡초 없애기 / 기업성공을 위한 경영 요소의 변화 / 협동의 경제학 / 동행과 나눔의 기술 / 신뢰자본의 주요성 / 경영책임자의 인성과 철학 요소들 / 우리가 만들어 갈 미래 / 인간관계 10계명

第9장 따뜻한 자본주의 경영으로 가는 기업들 ·········· 171
협동조합의 기적 이끈 스페인의 〈몬드라곤〉 / 6000여개 재배농가 모인 미국의 〈썬키스트〉 노동조합 / 축구팬과 국민이 주인인 스페인의 〈FC바르셀로나〉 / 인도의 〈오로빌 공동체〉 / 태국의 〈인펭네트워크〉 / 모든 이의 동행 〈아름다운 동행〉 / 홍익인간 경영에 도전하는 기업, 〈워너비 그룹〉 / 자본주의 전환기에 필요한 헌신적 리더십

| 마무리하며 |

제 1 장

인공지능이 말하는
기업의 경영 방향

인공지능이 말하는 기업의 경영 방향

1. 기업의 냉혹한 자본주의 경영을 개선할 방법은 무엇일까

요즘 2023년 3월 인공지능들이 속속 일반화되면서 세상을 뒤흔들어 놓았다. 성능은 놀람을 금치 못할 수준이다. 그래서 이 책의 큰 방향과 관련해 "기업의 냉혹한 자본주의 경영을 개선할 방법은 무엇일까?"라고 AskUp 인공지능[1]에게 물었더니 다음과 같은 방법들을 제시하였다.

1. 사회적 책임경영(CSR) 실천: 기업은 자신들이 이익을 추구하는 동시에 사회적 책임도 충실히 수행해야 합니다. 기업이 사회적 책임을 다하면서도 이익을 추구하면서 지속 가능한 경영이 가능합니다.

2. 고객 중심 경영: 기업은 고객을 최우선으로 생각해야 합니다. 고객의 만족도가 높아지면 그만큼 더 많은 수익을 얻을 수 있습니다. 기업은 고객들의 요구를 충족시키기 위해 노력해야 합니다.

3. 직원 복지 제공: 직원들은 기업의 중요한 자산입니다. 따라서,

기업은 직원들이 더욱 행복하고 만족할 수 있는 환경을 제공해야 합니다. 이를 위해 근로시간 단축, 복지제도 개선, 교육/연수 지원 등 다양한 방법을 시도할 수 있습니다.

4. 환경보호 활동: 기업은 환경을 보호하며 사회적 가치를 실현해야 합니다. 이를 위해 환경보호와 관련된 다양한 노력을 기업이 실천할 수 있습니다. 예를 들어, 친환경 제품 개발, 탄소 발자국 감소, 자원 절약, 재활용 등의 방법이 있습니다.

5. 협력적 경영: 기업은 다른 기업들과 협력하며 상생하는 경영을 추구해야 합니다. 이를 위해 다양한 협력 관계를 구축하고 유지해 나가는 것이 중요합니다.

2. 사회적 책임경영 실천의 방법은 무엇인가

위에서 실천하기 어려운 것이 사회적 책임경영(CSR) 실천이라 생각되어 "사회적 책임경영(CSR) 실천의 방법은 무엇인가?"라고 물었더니 다음의 대답을 내놓았다.

1. 환경보호: 기업은 환경보호를 위해 다양한 노력을 기울여야 합니다. 이를 위해 친환경 제품 개발, 탄소 발자국 감소, 자원 절약, 재활용 등 다양한 방법을 시도할 수 있습니다.

2. 사회공헌: 기업은 사회적 가치를 실현하기 위해 사회공헌 활동을 실천할 수 있습니다. 예를 들어, 지역사회나 불우한 이웃을 돕는 봉사활동, 기부 등 다양한 방법으로 기업의 사회적 책임을 다할 수 있습니다.

3. 윤리 경영: 기업은 윤리적인 경영을 추구해야 합니다. 이를 위해 공정하고 투명한 경영, 고객의 권익보호, 규제 준수 등 다양한 방법으로 윤리적인 경영을 실천할 수 있습니다.

4. 인권 보호: 기업은 인권 보호를 위해 노력해야 합니다. 이를 위해 직원들의 권익 보호, 공정한 대우, 인권 문제에 대한 적극적인 대처 등 다양한 방법으로 인권 보호를 실천할 수 있습니다.

5. 건강과 안전: 기업은 직원들의 건강과 안전을 보호해야 합니다. 이를 위해 안전한 작업환경 조성, 안전 장비 제공, 직원 건강관리 등 다양한 방법으로 직원들의 건강과 안전을 보호할 수 있습니다.

3. 사회적 책임경영을 실천하는 경영자의 리더십은 어떤 것인가

이번에는 "사회적 책임경영(CSR)을 실천하는 경영자의 리더십은 어떤 것인가?"를 인공지능에게 물어보았더니 다음과 같이 대답했다.

1. 비전과 전략: 경영자는 CSR의 비전과 전략을 수립하고 이를 조직 내에 전파해야 합니다. 이를 위해 조직 내에서 CSR의 중요성을 이해시키고, 목표와 결과를 공유하고, 이에 대한 적극적인 참여와 지원을 유도해야 합니다.

2. 역량 강화: 경영자는 조직의 CSR 역량을 강화하기 위한 적극적인 노력과 투자를 해야 합니다. 이를 위해 CSR에 대한 역량을 강화하고, 목표 달성을 위한 리소스를 할당하고, 각 부서와 개인이 CSR에 대한 역할과 책임을 이해하도록 지원해야 합니다.

3. 이해관계자 대화: 경영자는 CSR을 실천하는 과정에서 다양한 이해관계자들과 소통하고 대화해야 합니다. 이를 위해 이해관계자들의 우려와 필요를 이해하고, 이에 대한 대응책을 마련하고, 이해관계자들과의 지속적인 대화를 통해 신뢰와 협력을 유지해야 합니다.

4. 투명성과 책임성: 경영자는 조직의 CSR 실천에 있어서 투명성과 책임성을 유지해야 합니다. 이를 위해 조직 내부의 문제를 공개하고, 이를 해결하기 위한 대응책을 마련하며, 외부에서의 감시와 평가를 수용하고, 결과를 공개하는 등의 투명하고 책임적인 태도를 보여야 합니다.

5. 지속 가능한 경영: 경영자는 CSR을 실천하는 과정에서 지속 가능한 경영을 추구해야 합니다. 이를 위해 기업의 환경, 사회, 경제적 영향을 고려하고, 장기적인 관점에서의 가치 창출을 위해 노력해야 합니다.

위와 같은 리더십을 통해 경영자는 조직의 CSR 실천을 성공적으로 이끌어나갈 수 있다. 그래서 이제는 냉혹한 자본주의 경영을 따뜻한 자본주의 경영으로 바꿔야 한다.

제2장

금융자본주의
이야기들

제2장

금융자본주의 이야기들

1. 시대적 가치가 이끌어온 역사의 변화

태초부터 경제는 인간의 삶의 바탕이었다. 인류역사는 각 시대마다 독특한 가치와 철학이 있었는데, 그것은 나라의 운명을 결정한 중요한 시대정신이었다. 그러나 역사의 모든 주인공들이 모두 경제적 이득에만 끌려 삶의 방향을 선택하지는 않았다. 역사적으로 어떤 것들이었는지 차례로 살펴보자.

기원전 6세기 중국 노나라의 공자 등 춘추전국 시대의 철학자들은 왕의 정치 컨설턴트 역할을 하였다고 한다. 그중에서 제일 큰 영향을 지속했던 유가사상은 사람이 마땅히 갖추어야 할 네 가지 덕목인 인의예지(仁義禮智)로 국민들을 계도하여 정치를 안정화시켰고 이를 통해 왕의 치국평천하(治國平天下)를 도와주었다. 이것은 고대 중국의 가치기준을 수립하는 데 많은 영향을 주었다.

아리스토텔레스는 '약을 먹을지 사탕을 먹을지조차 환자들의 투표로 결정'할 정도로 개방되었던 아테네의 민주정치를 마뜩찮게 생각했으며 스파르타의 절제된 문화와 정치형태를 선호했다고 한다. 아테네 민주정치는 스파르타의 막강한 군사력의 침략으로 패망했다. 그러나 문화가 군사문화 차원으로 단순하고 청빈을 획일화시켰던 스파르타는 경제적으로 윤택해지자 곧 멸망했다. 아테네로 들어가던 무역 수입재정이 갑자기 스파르타로 들어와 돈이 차고 넘치자 국민들이 나태와 부패의 '멘붕상태'에 빠져 허물어져 버린 것이다. 군사문화와 청빈이 기반이었던 스파르타가 돈 앞에 무릎을 꿇은 것이다.

유럽의 17세기는 '학문의 궁극적 목표는 구원을 받는 데 있는 것이 아니라 인간이 자연의 주인이 되는 것에 있다.'는 사상을 중심으로 인간의 존엄성에 눈뜨게 한 이성의 빅뱅 시대였다. 그리고 모든 것은 의심으로 출발해 증명한다는 데카르트의 책 『방법서설』은 많은 사람들이 이성을 찾도록 계도했다. 이전 시대에는 절대적 판단기준이 성경과 교회를 중심으로 이루어졌기 때문이다. 이런 사고기준의 변화는 1618년경의 가톨릭과 개신교의 30년 종교전쟁으로 이어졌다. 그 후 프랑스 혁명으로 시민권리선언에 이르게 되는데, 이 혁명은 성직자와 귀족이 전체 토지의 40%를 차지하고 있으면서 80%의 평민은 부역과 세금으로 고통당하는 데서 비롯되었다. 이 혁명으로 100만여 명이 희생되었다고 한다.

그 후 근대로 들어오면서 세계의 사상은 공산주의와 자본주의로 대립 되었다. 그러나 인류의 1/3 정도 되는 인구가 공산주의와 사회주의라는 경제정치 실험 후 실패로 귀결되면서 자본주의의 승리로 끝났다. 안광복은 그의 책 『철학, 역사를 만나다』에서 "19세기 자본주의의 모순이 절정에 이르지 않았다면 마르크스 사상은 태어나지 않았을 터이다."라고 말했다.[2] 그러나 이 실패는 자본주의 문제점을 보완하여 강하고 건전하게 만드는 데 큰 도움을 주었는데, 예를 들면 약자의 배려가 사회적 책임으로 자리 잡았고, 사회 안전망과 공동선이 사회의 필수 요소로 인식되게 하였다.

이후 자본주의가 발전되면서 금융자본주의가 강해졌고 이것은 경제 양극화의 문제로 이어지게 되었다. 이 양극화의 부작용은 자본주의라는 본래의 좋은 제도를 자기모순에 빠지게 함으로써 자본주의 제도의 지속 가능성을 위협하고 있다. 그러므로 '당신을 정복해야 한다'는 진화론적 사고에서 '당신과 함께 살아야 한다'는 공생적 생태계를 만드는 가치와 철학의 전환이 이 시대의 실천정신이 되어야 한다. 다시 말하면 '남을 지배해야 한다'는 생각을 버리고 '상호 의존적인 협력의 생태계 구축이 가능하도록 해야한다'는 것이다.

'한강의 기적'을 이끌어 온 한국형 자본주의

희망경제연합의 정상국 대표는 1940~50년대 보릿고개 시절을 '생존경제'라 부르고, 그 뒤 '70년대 외국 차관을 들여와 기초경제의 체력을 만든 때를 '의존경제'로, 수출주도로 발전했던 시기를 '생산경제', 1970~80년대 부동산 붐을 타고 투자하던 때를 '잉여경제', 살만해지니까 외국여행을 줄줄이 나가던 시기를 '소비경제', 그리고 한류

붐을 이루는 지금의 시기를 '문화경제'로 자리매김하였다.

이처럼 자본주의는 국민들의 삶을 개척하고 사회 경제적 발전 단계에 맞추며 경제를 일구어 오는 견인차 역할을 하였다. 특히 보릿고개를 넘기기 위해 새마을운동을 펼치며 자립경제를 시작했던 1960~70년대 경제발전 시기를 개발독재라고 폄하하기도 하지만, 한국은 중국 등 동남아 나라들이 잠자고 있을 때 이를 기반으로 일어섰다. 이때 엄연히 우리나라 경제의 자립토대를 마련했고, 이것이 차관에 의한 의존경제를 가능케 했다. 이어진 수출 주력 전략은 '한강의 기적'을 만들어 낼 수 있었던 기반이 되었기에 자본주의 성공의 세계적 표상이 되었다.

2. 금융 만능주의의 실패

우리가 발 딛고 살아가는 자본주의는 물과 공기 같은 기본 바탕이다. 김근배는 그의 책 『고전의 지혜로 마케팅의 지평을 넓히다』에서 자본주의 원리를 다음과 같이 설명하고 있다.

시장경제에 기반을 둔 주류경제학은 이제까지 유일한 체제인 것처럼 여겨져서 세상의 질서로 자리 잡았다. 가격에 의한 개인행동의 조정은 이익획득이라는 인간 단순화의 메커니즘을 통해 부를 향한 강력한 동기를 만들어 냈고 그 결과 비약적으로 생산력을 향상시킨 것이다. 그 바탕은 인간의 이익경쟁이라 할 수 있다.

신자유주의는 돈 중심의 시장원리 하나로 모든 문제를 해결하려 했다. 그러나 인간은 합리적이고 시장은 효율적이라는 주류경제학의 가정은 비현실적이다. 그래서 신자유주의는 지속적으로 문제에 부딪쳤다. 1980년대부터 유행한 규제 완화, 민영화가 바로 그것이고, 결과적으로 현재의 세계경제 위기를 가져왔다. 그동안 인간의 본성을 무시하고 하나의 틀로 모든 사회를 재단하려 했던 시장 만능주의나 국가 만능주의는 실패했다. 주류경제학은 경쟁을 지나치게 강조해 오늘날의 경영학은 경영기술에만 함몰되어 인간마저도 생산성 향상을 위한 수단으로 간주하여 인간관계의 단순화, 사회의 왜소화, 자연파괴를 불러온 것이다. 따라서 우리는 시장 만능주의와 국가 만능주의를 극복하기 위해서 시장경제, 공공경제, 사회적 경제, 생태경제의 다양한 원리들이 조화를 이룰 수 있도록 해야 한다.

알베르 자카르는 전 세계인이 함께 살기 위해서 풀어가야 할 인종차별, 빈곤 문제 등에 관심을 갖고 활동하는 경제학자다. 그는 그의 책 『나는 고발한다 경제 지상주의를』에서 지금까지 경제학에서 규정해 온 '교환, 가치, 소유' 등의 보편적 개념들이 인간관계를 심각하게 왜곡시켜 온 현실, 그리고 서구식 자유주의경제 체제가 일종의 노예제도로 변질되어 온 현실을 강하게 비판하고 있다. 갈수록 심각해지는 빈익빈 부익부의 악순환과 환경파괴에 따른 자원 고갈에 제동을 걸 수 있는 장치가 세계적, 총체적인 수준에서 마련되어야 한다고 주장했다. 즉 지금처럼 세계은행이나 IMF가 하고 있는 것처럼 헐벗은 사람들을 가진 사람들의 탐욕에 맡겨 버릴 것이 아니라 사회적 생태학적 보장을 지속적으로 지켜주어야 한다는 것이다.[3]

'금융자본주의의 파산'

이 시대 석학 중의 한 분인 이어령 교수는 『생명이 자본이다』에서 생태계를 파괴하는 것으로 성장하는 오늘날의 천민자본주의의 문제점을 조목조목 지적하며 "인류의 발전을 위해 생명을 존중하는 자본주의를 열어가야 한다. 산업혁명이 주도해 온 산업자본주의와 지식정보 혁명이 이끌어 온 금융자본주의는 그 유통기간이 끝나가고 있다. 그 발전모델과 기술을 바꾸지 않으면 오늘날과 같은 금융위기, 환경위기, 윤리위기를 극복할 수 없다."라고 했다. 그리고 그는 환경에 대해 다음과 같은 생각의 전환을 주문하고 있다.

인간은 육체와 정신을 가지고 있는 유기체로서 다른 모든 종류의 생물과 같이 자연의 법칙에 따르지 않으면 안 된다. 그런데 인간은 자연환경과 대응되는 인간의 환경을 만들었다. 그것이 바로 문명문화권이다. 이 문명문화권을 생명권으로 바꿔 놓으면 지금 우리가 어떤 심각한 국면에 있는가를 알게 된다. 인간의 문화권은 자연생태계 속의 하나로, 그 안에 포함된다는 지극히 상식적인 것을 우리는 그동안 잊고 살아왔던 것이다.

그러나 한가지 인간이 모르고 있는 것이 있다. 나무 밖에서 나무를 자르는 것은 용이한 일이지만, 자기가 쓰러뜨리고 있는 그 나뭇가지 위에 올라가 있을 경우, 나무를 베면 나무도 인간도 함께 쓰러진다는 사실이다. 인간은 자연의 밖에 있지 않다. 인간은 생물 가운데 생물권을 파괴하고, 그렇게 하는 것에 의해서 스스로를 파멸시키는 힘을 획득한 최초의 종(種)이다.[4]

그렇다. 크게 보면 세상은 무기질과 유기질로 구성되는데, 무기질은 자연 물리법칙에 따라 변화하고 유기질도 일정한 생명 원리로 운용된다. 그러나 유기질 질서에서 유독 독자성을 갖는 것이 인간 세상이다. 특히 인간은 사고능력을 받았고 그것을 활용하며 살아간다. 그런데 문제는 너무나 자연의 법칙을 무시하며 번성한다는 것이다.

세상에 법칙은 엄격하다. +와 -가 있고 일출이 있으니 일몰이 오고, 먹는 것이 있으면 배출하는 것이 있다. 그래서 생태계의 균형을 유지해야 하는 것이 자연의 기본질서이고 절대성이다. 그러나 인간은 과도하게 욕심을 내고 과도하게 먹고 과도하게 자연을 파헤치고, 다른 생명을 필요 이상으로 파괴하는 것도 절대 법칙에 대한 위반이다. 이러한 규칙 위반이 세상을 살아가는 인간들 간의 규칙 위반으로 확대되는 것도 문제다.

전 농림수산부 장관을 지낸 허신행 문명사회연구가는 『33인 대표강의』의 글을 통해 다음과 같이 문제를 제기하고 있다.

자본주의 산업사회의 붕괴로 세계는 지금 요동치고 있다. 그럼에도 그에 대한 정확한 진단과 방향설정이 결여됨으로써 오는 혼란이 더 큰 문제로 등장하고 있다. 예를 들어 2008년 미국 발 금융위기는 자본주의 말기 현상임에도 불구하고 그것은 단순한 금융위기로 치부되어 선진국 경제의 장기침체와 양극화 및 빈부격차, 청년실업의 양산, 시장 쟁탈전 등으로 나타나 제3차 세계대전의 위험성마저 고조시켰다.

그러면 자본주의 산업사회는 정말로 붕괴되고 있는 것인가? 필자의 30여 년에 걸친 연구에 의하면 자본주의 산업사회는 선진국들로

부터 서서히 붕괴되고 있음이 틀림없다. 간단한 고전경제학 이론에만 의하더라도 자본주의는 4단계로 성주괴공(成住壞空)한다는 것이 정설로 되어 있다. 제1단계가 '상업자본주의'요, 2단계는 '산업자본주의', 3단계는 '독점자본주의', 4단계가 '금융자본주의'다. 지난 4반세기 동안 선진국들은 4단계인 '금융자본주의'에 진입했다. 지금 선진국들의 금융업계가 붕괴되고 있는 것은 자본주의 수명의 종착역이기 때문이다. 이것은 사회학에 널리 알려진 이븐할둔(Khaldun)의 4세대 '사회변동 순환론'이나 평생동안 역사 연구에만 전념했던 아놀드 토인비(Toynbee)의 제국 흥망성쇠론, 즉 '탄생 → 성장 → 정체 → 해체'의 4단계로 보아도 맞는 이야기이다.[5]

인류는 기술과 도구를 만들어 기계문명과 자본주의를 발전시켜 왔지만, 그와 반비례해 오늘날 인간의 정신문화는 돈의 노예가 되었다. 돈이 주인이라는 자본주의 위에 세워진 물질만능주의는 인간의 정신문화를 돈에만 의지해서, 돈만을 위한, 돈 중심의 자본주의, 그리고 물질에만 의지해서, 물질만을 위한, 물질 중심의 자본주의로 돈만 벌고 우쭐대는 천민들의 자본주의가 된 것이다. 너도나도 이렇게 되다 보니 돈 놓고 돈 먹는 놀음판 시장이 주류가 되어 시장과 돈의 흐름을 장악한 주체가 되었다.

위에서 말한 대로 자본주의 종착역에 이르렀음에도 이러한 사회는 금융노예들의 물질세상이 되어 마치 '몸집이 커져서 날 수 없는 암탉'이 된 것이다. 즉 '그럴싸한 이상과 생각은 갖고 있다 해도 궁둥이가 무거워진 닭이 날 수 없듯이 이상의 세계를 향해 날 수 없는 처지'

가 된 것이다. 그래서 생각하는 갈대라는 인간은 소위 서양의 합리주의, 물질주의, 효율주의가 낳은 배금사상과 기술 숭상주의 아래 여지없이 쓰러지고 말았다.

그래서 할 일이라고는 돈만 되면 바퀴벌레와 같은 잡식성으로 온갖 더러운 곳에도 마다하지 않고 달려드는 것이다. 그 좋은 예가 '파괴는 건설과 발전'이라는 해괴한 논리를 앞세워 전쟁을 일으키고 가공할 무기와 우주를 정복하는 기술로 무자비한 공격과 살상을 일삼고 '못된 놈들을 손봤다'며 우쭐대는 미친 선진국이 된 것이다. 전쟁의 무대 뒤에는 큰돈을 세는 군수업자와 그 관료들과 정치인들, 금융가들이 있지 않을까? 이것이 1%들을 위한 자본주의이다.

영국 출신 투자 컨설턴트인 우메어 하크가 쓴 『새로운 자본주의 선언』도 이 같은 자본주의의 자기혁신론을 담은 책이다. 그가 말한대로 "세상은 자본주의 초창기에 세계는 풍부한 자원과 원재료를 가진 안정된 큰 세계였지만, 지금 21세기는 천연자원이 거의 고갈되고 수요가 충족되지 않으며 혼잡하고 허약한 세계로 전락했다. 인간들은 자원을 무한한 듯 남용하고 환경을 마구 오염시키며 이익만을 실현하기 위해 혈안이다."

이렇게 미래에 나눠 써야 할 자원을 모조리 고갈시키는 것은 사회와 공동체, 나아가 미래 세대에 대한 부당한 차용과 문제 처리비용을 전가하는 현세대 이기주의의 바탕 위에 존립해온 것이다. 근본적인 우리 인류의 반성이 긴요하다. 지금 세계 도처에서 목격하는 경제 불안은 단지 각국의 국가부채 문제보다 더 근본적인 자본주의 타락에 그 원인이 있다.

또한 경제주체가 되어야 할 대부분의 국민은 경제에서 소외되고 몇 %의 자본가 층이 전체 경제를 장악하고 있어 국민화합의 어려움이 날로 심각해지고 있다. 국가 구성원인 대다수 소비자들이 기본 가정경제조차 해결하지 못하는 신 보릿고개를 보낸다면, 그들이 가지고 있는 창의적 역량과 질 높은 노동의 생산성은 제대로 발휘될 수 없다. 대부분이 대출과 봉급에 목 매인 '금융노예'가 창의력을 발휘하기란 어려운 일이기 때문이다. 더욱 큰 문제는 경제시스템에 대한 불신과 '함께 죽자'는 동반파멸 사고(思考)의 부상이다.

신 보리고개의 어려움을 완화해 정신문화를 제대로 세우고 국민을 제대로 살 수 있게 하는 것이 상생의 길이다. 그러나 우리나라는 지금까지 오로지 미국이 가는 방향으로 제도와 실행이 고착화된 가운데 경제발전 일면만 보고 따라왔다. 어떤 이는 '어느 순간 최면에서 풀리고 보니 바로 눈앞에 아슬아슬한 장면이 펼쳐지고 있다.'고 말할 만큼 우리의 경제현실은 문제가 심각한 상황에 처해있다.

인간의 끝없는 욕망에 기초한 금융자본주의는 이익 앞에 모든 것이 상품화된다. 그래서 사회 불평등의 균열이 점점 커지고 있다. '이기느냐 지느냐, 죽느냐 사느냐'의 이분법적 접근을 전제로 한, 승자만이 선이 되는 불공정한 거래의 세상인 것이다. 이러한 불공정한 인간 사회가 부자와 빈자, 선진국과 후진국 등 현대사회가 굴러가는 기본 틀인 것이다. 우리가 재래시장을 보면 금방 알 수 있듯이 시장이란 파는 사람과 사는 사람이 함께 공생하는 공간이요 시스템이다. 그러나 지금의 금융자본주의는 더 많은 자본가와 부자를 탄생시켰지만 실제로는 더욱더 많은 빈곤층을 만들어 냈다. 이러한 돈 중심의 가치관과 철학은 불어난 이익만을 최고의 가치로 여기는 비인간적이고 폐쇄적인 배금주의 사회를 만들어 빈부격차로 점점 더 많은 서민을 만들어 내고 있다. 이윤에 굶주린 자들이 펼쳐놓은 '금융이자놀이'라는 덫에 걸려든 서민들은 빈민으로 전락하고 어떤 이들은 죽음으로 내몰리기도 한다. 이러한 서민경제의 몰락은 소비를 최소화시킬 것이고 이것은 돈있는 상위층의 몰락을 초래하게 되어 결국 금융자본주의의 파산에 이르게 될 것이다. 그래서 현재의 금융자본주의는 위기가 발생하기 쉽고 불확실성에 둘러싸여 있다.

결과론적 얘기이긴 하지만, 오히려 대중들에게 먹어도 먹어도 갈증을 채우지 못하는 탐욕만 더 키웠다. 따라서 국가는 이 불공정한 거래, 불공정한 경주게임을 제도적으로 수정해가야 한다. 아울러 빈자들에게 최소한의 기초 경제생활을 보장해 주며 빈곤층을 줄여나가는 경제정책을 강력하게 추진하여야만 한다. 빈곤의 책임을 개인의 무능함이나 나태에서 오는 것으로 보면 문제가 풀리지 않는다. 이는 필연적으로 인간의 삶의 권리와 여러 가지 제도적인 책임마저 국가가 지지 않고 그것을 개인이나 지역의 책임으로 돌리게 되는 문제가 발생하게 된다. 원래의 자본주의라는 좋은 제도를 이어가기 위한 최소한의 조치가 필요한 것이다.

중국이 미국을 보고 얻은 교훈

중국이 역사적 시행착오를 딛고 1등 국가로의 약진을 추진하고 있다는 것은 누구나 아는 얘기다. 이미 중국과 미국은 견제와 동조를 다양한 방법으로 진행하고 있다. 그래서 중국의 부상과 미국의 천민자본주의 추락은 인류 최대의 관심사라고 해도 과언이 아니다. 미국이 계속해 건전한 자본주의 문화를 만들어 내지 못하고 폐쇄적이고 퇴폐적인 자본주의 문화를 만드는 정치, 사회, 경제, 문화적 현상이나 그러한 제도적 상황을 계속한다면 해답은 뻔하다.

이세기는 그의 책 『이세기의 중국관계 20년』에서 중국과 미국의 관계를 다음과 같이 설명하고 있다.

골드만 삭스는 2003년에 중국의 경제규모가 2041년에 미국을 추월할 것으로 예측했으나 2009년에는 2027년에 추월할 것으로 기존 연구결과를 수정했다. 중국의 부상이 예상보다 훨씬 빠르고 순조롭게 진행되고 있는 반면에 미국의 쇠락이 급속히 진행되고 있는 것이다.

미국은 2008년 금융위기 이후 3년 동안에 지난 30년 동안 축적한 부를 축냄으로써 중산층이 급속히 붕괴되고 있다. 오늘날 미국 내의 분위기는 어수선하고, 지식인들 사이에 자국의 쇠락이 역사적으로 불가피하다는 인식이 확산되고 있다. 21세기 들어 미국인들의 자기 만족과 탈규제의 탐욕, 무엇보다도 제국 욕망에 따른 비이성적이고 자기 파괴적인 대외정책은 10년도 되지 않아 주식과 부동산 시장의 거품 붕괴와 대규모 재정 붕괴로 연결되었다.[6]

최근 세계적 금융위기는 새로운 경제발전 모델을 요구하고 있다. 2012년 초 스위스 다보스에서 열린 회의에서 세계의 석학들과 유력 기업인들은 자본주의의 위기를 극복하기 위해 새로운 경제발전 모델을 모색할 필요성에 동의했다.[7]

그래서 미국을 본 중국은 그들의 발목을 잡고있는 환경과 경제정책을 수정한 것으로 보인다. 경제와 사회안정 측면에서 보면, 성장의 혜택을 받은 부자들은 그들대로 불안해하고, 가난한 사람들은 현실의 경제적 어려움으로 불만이 많다. 연 18만여 건에 달하는 각종 시위는 중국 정부가 국방보다 사회치안 확보에 더 많은 신경을 쓰도록 하고 있다.

중국은 지금 그동안의 고속성장이 낳은 지역간, 계층간의 소득격차와 심각한 환경오염, 그리고 만연한 부정부패 등을 바로잡기 위해 노력하는 것이다. 여기서 우리는 공동부유(公同富裕)라는 정책으로 갈등을 해결하려고 노력하는 것으로 보인다.

너에게 묻는다

안도현

연탄재를 함부로 발로 차지 마라
너는 누구에게 단 한번이라도 뜨거운 사람이었느냐

삶이란 나 아닌 다른 이에게
기꺼이 연탄 한 장 되는 것
방구들 싸늘해지는 가을 녘에서
이듬해 봄 눈 녹을 때까지

해야 할 일이 그 무엇인가를
분명히 알고 있다는 듯이
제 몸에 불이 옮겨 붙었다면
하염없이 뜨거워지는 것

온 몸으로 사랑하고 나면
한 덩이 재로 쓸쓸히 남는 게 두려워
나는 그 누구에게 연탄 한 장도
되지 못하였네

생각하면 삶이란 나를 산산이 으깨는 일
눈 내려 세상이 미끄러운 어느 이른 아침에
나 아닌 다른 누가 마음 놓고 걸어갈
그 길을 나는 만들고 싶다.

제3장

심각한 자본주의의
양극화

제3장

심각한 자본주의의 양극화

1. 경제 양극화의 흐름

'함께하는 사회'의 송세준 대표는 '경제(經濟)라는 말에는 날줄 씨줄로 다스리며 구제한다는 의미가 담겨 있다. 이처럼 경제는 머리로 하는 것이 아니라 훈훈한 가슴으로 해야 한다.'고 말했다. 원론적으로 맞는 말이고 궁극적으로 우리가 가야 할 방향이지만 오늘날의 실제 세상은 이와는 거리가 너무나 멀다.

피케티는 그의 저서 『21세기 자본』에서 '과거 19세기에는 극도의 경제적 불평등은 당연한 문명의 한 조건으로 여겨지다시피 했다.'고 말했다. 즉 당시에는 의식주의 기본 생활만 해결하는 데도 많은 노력이 필요했기 때문에 많은 하층민들은 부유층의 생활을 유지해주는 역할에 한정되어 불평등 구조가 당연시되었다는 것이다. 이 덕분에 엘리트 층은 과학이나 예술 등에 관심을 갖고 이 분야를 발전시키는 데 노력을 했을 것이라는 이유로 면죄부를 주는 것이리라. 그래서 일부 주인공들의 낭비벽에도 불구하고 19세기의 소설들은 불평등을 어느 정도 필요한 세계로 묘사했다.

그러다 20세기 두 차례 세계대전이 그 이전의 불평등을 상당 부분 해소하고 불평등 구조를 변화시켰다. 2010년대에 들어서는 부의 불평등이 역사적 최고치를 기록하거나 심지어 이를 넘어서는 수준에 다다랐다고 피케티는 주장했다.[8]

그러나 의식주의 문제가 큰 비중을 차지하지 않는 21세기에 들어서서 더욱더 불평등이 심화된다는 것은 사회적으로 큰 문제가 아닐 수 없다. 시장 만능주의자들은 지난 30년간 경제성과를 향상시키기 위해 금융시장의 효율성에 관한 이론에 근거해 정책을 추진해왔다. 그러나 이러한 정책은 경제성과를 향상시키는 데 기여했지만 동시에 불평등도 확대시켰다. 동전의 양면이다. 특히 영어권 국가들에서는 불평등이 급격히 증가했다.[9]

조정래 작가는 그의 강의에서 '돈에게 신의 경지를 준 것이 비극의 시작이다. 이것이 천민자본주의의 비극이다.'라고 했다.

김윤태도 『한국의 재벌과 발전국가』에서 '우리는 한국 경제의 발전을 도모하기 위해서 재벌의 성장을 유도해 양극화를 불러온 발전국가 모델을 대신할 미래 지향적 발전모형을 개발해야 한다.'며 다음과 같이 제안하고 있다.

한국 재벌의 부상은 재벌의 경제적 성공이나 투쟁에 의한 것이 아니라 국가가 스스로 결정한 결과다. 한국 정부는 이미 1980년대 이후 통화주의 경제학을 수용하여 경제 자유화를 추진하면서 재벌에 대한 지배를 스스로 포기했다. 1980년대 등장한 경제관료는 과거의 경제관료와 달리 경제 자유화, 공기업의 사유화, 금융 세계화, 규제 완화를 주장하는 신자유주의 이념으로 기울면서 전통적 국가주의를 스스로 포기했다. 이와 같은 한국 정부의 이념적 자살은 재벌의 급속한 성장을 도왔다. 그 결과 한국사회는 양극화가 심해졌다. 이러한 과정에서 재벌은 국가와 공식적, 비공식적 사회적 네트워크를 통해 긴밀하게 결합하고, 국가와 재벌 사이의 정경유착은 한국의 자본주의 산업화의 가장 중요한 특징이 되었다. 한국 경제가 1980년대 이후 시장 지향적 체제로 변해갈수록 국가는 대기업에 대한 산업정책과 금융통제를 관리하는 지도적 역할을 점점 상실했다. 한국에서 과거 고도성장 단계에 채택한 발전모형은 성장 지향적, 권위주의적, 중앙집권적 원칙에 따른 현대화 과정이었다.

이러한 현대화 과정은 경제의 논리가 사회의 논리와 정치의 논리를 압도하여, 물질적 성장이 사회적 평등과 민주주의를 희생시키는 것을 당연시했다. 현재는 민주주의와 삶의 질을 우선시하는 새로운 현대화 노선을 추구해야 하는 역사적 전환점이다.[10]

한국은 지난 15~20년간 세계경제와 동조화되어 왔다. 그래서 청년실업률이 증가했으며, 코스닥 버블, 집값 버블, 금융위기, 사회 양극화, 청년실업, 재정 약화 등의 현상이 발생해 왔다. 게다가 지난 10여 년간은 내수부진이 고착화 되었다. 우려되는 경제 현상은 한국에서 뿐만이 아니다. 소위 1:99의 사회로 대변되는 양극화 현상이 전 세계적으로 심화되고 있다.[11]

또 서정희는 그의 책 『전 국민이 분노하고 있는 대한민국에서 사는 법』에서 "오늘날 한국인은 여유 없는 삶과 불공평한 사회 그리고 양극화에 따른 사회적 불신으로 분노하고 있다"며 다음과 같이 그 이유를 설명하고 있다.

한국인 대다수는 외환위기 직전만 하더라도 최우선 국가목표는 당연히 경제 강국 진입으로 생각했다. 하지만 이런 국민들은 오늘날 소수에 불과하다. 이런 변화에는 여유없는 삶이 크게 작용했다. 그들은 허리가 휘는 사교육비, 매일 치솟는 생활물가, 과도한 유류비와 통신비 부담, 빠른 속도로 늘어나는 의료비 때문에 욕구불만형 소비에 빠져있다. 그리고 노력을 해도 성공하기 어려운 불공평한 사회라는 인식과 열심히 노력해도 가져가는 성과는 국민 평균에 못 미칠 수 있다는 불안감에 빠져있다. 국가경제는 성장하고 있지만, 각종 비용 상승에 삶은 팍팍한데다, 노력을 해도 목표를 달성하기 힘들기 때문이다.

이 같은 변화는 한국 사회가 노력한 만큼의 과실을 딸 수 없는 불공정한 사회로 바뀌고 있다는 인식으로 이어졌다. '우리도 할 수 있다'는 국민적 자신감은 어느덧 사라지고 그 자리에 양극화에 따른 사회적 불신이 똬리를 틀었다. 특히 1997년 외환위기와 2008년 글로벌 금융위기는 국민 의식을 송두리째 흔들어 놓았다.[12]

이러한 학자들의 평가는 생활경제의 어려움이 국가와 사회에 대한 충성과 협력의 정신체계가 바닥으로 추락했다는 것을 증명해 주고 있다. 잘못된 경제운영에서 온 정신문화의 피폐화가 건전한 국가발전에 큰 부작용으로 작용하고 있다.

2. 경제 양극화 원인

이런 문제를 해결하기 위해서는 문제의 원인을 확실하게 파악하는 것이 급선무다. 부유한 사람의 평균 수익률이 그렇지 않은 사람의 평균 수익률보다 높은 것은 당연하다. 왜냐하면 부유한 사람은 자산관리자나 금융전문가를 고용해 많은 수익을 얻을 수 있을 뿐만 아니라 예비자금으로 위험을 감수하며 인내할 수 있기 때문에 소득의 기회가 더 확실하게 실현된다. 또한 규모의 투자경제 효과와 자신들의 부를 유지하기 위해 정교한 법적장치를 계속해서 만들어 낸다. 이러한 사회적 메커니즘은 자본의 분배에 있어 자동적으로 근본적인 격차를 만들어 낸다. 그래서 글로벌 차원의 부의 계층구조에서도 구조적인 이유로 당연히 부의 불평등은 무한히 증가하게 된다.

곽수종은 그의 책 『한국경제 판 새로 짜라』에서 '우리나라 경제적 과제는 신성장 산업의 부재, 비효율적인 정부, 질 낮은 성장정책의 거시적 문제와 고령화, 불안정한 교육제도, 중산층의 몰락, 부동산 침체 등을 해결해야 한다'고 설명하고 있다.[13]

'우리 사회는 공정한가?'라는 측면에서 통계와 사례로 바라본 한국 사회의 공정성은 너무나 문제가 많다. 경제 인문사회연구회가 펴낸 『한국 사회와 그 적들』에는 다음과 같은 이야기가 있다.

경제협력개발기구는 최근 10년 사이 한국의 소득 불평등이 OECD 국가 중에서 가장 빠르게 악화됐다고 지적한다. 소득 불평등은 소득 격차를 크게 만들어 사회 구조를 양극화하고 사회 갈등을 유발하며,

빈곤을 대물림한다. 소득 불평등의 더 큰 문제는 이러한 일련의 문제들이 꼬리에 꼬리를 물고 연동하며, 점점 그 규모가 커진다는 데 있다. 소득 불평등은 부자나 정치가, 기업의 문제가 아니라 사회 전체의 문제며, 사회구성원과 구조 전체의 지속적인 관심과 노력이 필요한 문제다.[14]

결국, 사회 경제는 돈 있는 곳으로 돈이 계속 모이게 되고, 이 모인 돈을 또 돈 없는 사람이나 기업에게 빌려주고 이자를 받으며 돈을 더 끌어모으게 된다. 가난한 사람들은 신용이 나빠지게 되고 그렇게 될수록 더 많은 이자를 물어야 하는 게 경제분배 공식으로 되어 있으니, 결국 돈이 줄기 시작하는 개인이나 기업은 점점 더 빚의 가중치, 즉 범칙금이 커지게 되어 결국은 있는 것마저 모두 빼앗기고 말게 된다. 이는 마치 큰 물방울이 작은 물방울들을 흡수하는 이치와 같다. 앞으로 제대로 조치를 취하지 않으면 이 간극은 더욱 커지게 될 것은 자명한 일이다. 이러한 원인으로 오늘날 제일 심각한 우리의 양극화 문제는 금융경제를 확대 재생산하는 1%의 욕심으로 99%의 서민들의 경제는 멍들고 있다.

양극화 문제가 이슈가 되는 것은 가진 사람과 못 가진 사람(haves and have-nots) 사이의 분배의 틀에 문제가 있기 때문이다. 즉 개인의 노력이 공평한 결과를 주는 게 아니라 결과적으로 기득권을 차지한 곳으로 부의 재분배가 이루어지기 때문에 기득권층에 과도하게 부의 편중이 쌓여가게 되는 것이다.

우리가 돈을 빌릴 경우 상환능력이 있을 때는 금융회사의 우량고

객이지만 상환능력을 상실하게 되면 여지없이 빚쟁이 처지로 전락한다. 지금 우리사회는 가계부채 1,000조원 시대로 하우스 푸어, 전세 푸어, 학자금 푸어, 워킹 푸어 등 푸어 시리즈로 난리다. 경제 불황은 소득 양극화를 심화하고 소비 양극화를 부추긴다. 가계부채에 짓눌린 가계나 중·저소득층은 소비를 더 줄일 수밖에 없는 형편이다.

'약탈적 자본주의'의 현장, 한국

우리나라를 묘사할 때 '경제적으로 성공한 나라, 행복한 국민'이라고 해야 하는데, '성공한 나라, 불행한 국민'이 되었다. 국민의 삶은 언급되지 않기 일쑤고, 경제 성공에만 목소리를 높인다. 국가는 경제적으로 성공했는지 모르지만, 국민은 삶이 피곤하고 내일을 맞기가 두렵다. 많은 직업이 있음에도 불구하고 취업은 더욱 어렵고 경제적인 괴로움으로 많은 사람들이 삶을 포기하는 것은 어찌된 영문인가?[15]

정신문화와 경제

인류 역사에서 종교같은 정신문화와 먹고 사는 경제문제는 대단히 밀접한 것 같은데도 불구하고 이원화된 것으로 보인다. 심리학자 로버트 레인은 『시장 민주주의에서 행복의 상실』이라는 그의 저서에서 '제2차 세계대전 이후 경제번영이 지속되면서 살기는 좋아졌지만 우리의 삶에서 기쁨과 유대가 오히려 감소했다.'고 했다.[16] 종교적 지도자 층에 계신 분들도 사회 경제적 약자들을 염려하는데 그 발언을 보면 다음과 같다.[17]

o 가난한 자는 힘든 일을 하면서 박해를 받는다. 그런데 부자는 정
   의를 실천하지도 않으면서 갈채를 받는다.
o 자유시장의 자본주의는 폭정을 창출하고, 사람들을 소비의 능
   력으로만 평가한다. 각국은 경제를 더 많이 통제해야 한다.
o 가톨릭 관점에서, 세계 경제는 보다높은 선을 추구해야 한다. 만
   일 경제가 붐이 일 때 선(善)이 없으면, 인간의 존엄성은 고통을
   받게 되며, 그 결과는 명백한 악(惡)이다.
o 자본주의라는 경제 시스템 속에 공산주의와 다르지 않은 부정
   과 부패를 뒤로 숨기고 있다.
o 각국 정부와 마찬가지로 세계 경제를 다루는 정치단체는 세계
   를 대공황으로부터 끌어내야 한다.
o 규제가 사라진 자본주의가 새로운 독재다.

달라이 라마도 "지구적인 차원에서 그리고 한 나라 안에서 부자와
가난한 자 사이의 엄청난 차이는 도덕적으로 잘못되었을 뿐만 아니
라 현실적인 문제들의 원천이라 할 수 있다. 따라서 우리는 이 문제들
에 맞서 싸워야 하며, 남반구 사람들과 궁핍에 시달리는 사람들의 생
활 수준을 향상시켜야 한다."라고 말했다.[18] 한마디로 경제적 불평등
은 사회악의 근원이라는 메시지이다.

죠반니노 과레스끼가 쓴 『신부님 힘을 내세요』에 이런 대목이 나
온다.
'돈이 있어 잘사는 사람들은 자기 재산을 움켜쥐고 있는 것밖에는
생각지 않습니다. 이웃이 어찌되든 관심조차 없어요. 대개는 가장 돈

많은 사람들이 가장 인색하지요. 그런 사람들은 자기네들이 개인의 재산에만 너무 집착한 것이 바로 대다수의 사람들이 모든 걸 잃고 가난하게 살게 된 원인이라는 사실을 모르고 있어요.'

금융 만능주의의 이중성

프랑스의 과학자이며 경제학자인 알베르 자카르(Albert Jacquard)는 "문명의 발전을 이룩한 인류는 그 '부작용' 속에 목 졸리듯 갇혀 있다. 그 '부작용'으로 인해 인간의 삶은 황폐해져 가고, 인간의 가치는 그 의미를 상실해 가며, 더 나아가서 내일을 살아가야 할 인간의 미래가 점점 더 심각한 위협을 받고 있다."며 문명의 발전에 대해서 경고하였다.[19]

옛날에 왕에게서 많은 돈을 빌린 아브라함이라는 부자가 있었는데, 돈을 갚지 않자 왕은 그 부자가 돈을 내놓을 때까지 어금니를 매일 하나씩 뽑도록 명령했다. 그렇게 어금니 7개가 뽑힌 뒤 아브라함도 결국 항복하고 말았다고 한다.

오늘날은 부채를 갚지 못해 강제로 어금니를 빼는 일은 없지만, 은행의 무서운 이자를 내기 위해 병원을 못 간다면 은행이 그 사람의 어금니나 장기를 빼는 것과 다를 것이 없지 않은가? 또 셰익스피어가 창조한 허구의 인물 '베니스의 상인'도 '1파운드의 살점'을 요구했지만, 오늘날은 빚쟁이에게 살점 대신 자살로 생명을 내주는 일이 얼마나 많은가?

여기서 지금 세계의 리더이며 경찰국가 노릇을 하고 있는 미국의 경제적 부작용은 어떤가 보자. 이정환은 그의 책『투기자본의 천국 대한민국』에서 미국경제를 다음과 같이 설명했다.

미국 경제는 빚으로 굴러간다. 즉 빚을 내서라도 돈을 뿌리지 않으면 굴러가지 않는 시스템이 되어 있다. 수출이 계속 줄어들고 수입만 늘어나는 데도 빚을 늘려가며 버티고 있다. 다른 나라 같으면 일찌감치 무너졌겠지만, 미국이나 되니까 가능한 일이다. 미국 사람들은 저축도 하지 않는다. 저축률이 1% 수준밖에 되지 않는다. 미국은 하루 평균 20억 달러, 우리 돈으로 약 2조 원을 외국에서 빌린다. 2004년의 경우 세계 저축의 80%가 미국으로 흘러들어 갔다.[20]

그렇다면 왜 미국같은 1등 국가가 이렇게 위험한 지경으로 굴러가는 것인가? 거기에는 보이는 않는 금융의 큰손들이 미국의 경제를 강력하게 틀어쥐고 있기 때문이다. 그 진실은 다음의 예에서 확인할 수 있다. 미국의 대표은행이자 전 세계 금융시장의 큰손 골드만 삭스가 어떻게 금융자본주의의 선봉역할을 하는지 알아보자.[21]

우선 영국의 일간신문 〈가디언〉은 골드만 삭스를 다음과 같이 소개했다. "탄자니아와 골드만 삭스의 차이를 아는가? 탄자니아는 1년에 22억 달러를 벌어서 2,500만명이 나눠 갖는데 골드만 삭스는 26억 달러를 벌어서 161명이 나눠 갖는다."

이에 대해『투기자본의 천국 대한민국』의 이정환 작가는 '골드만 삭스가 벌어들인 26억 달러는 어쩌면 다른 수천만 명의 눈물과 희생의 댓가일 수도 있다'고 했다.[22] 결국 금융자본주의의 디지털정보 구조화로 대규모 투기자본이 더욱 신속하게 이동하게 되므로 세계경제는 이러한 국제금융자본의 단기적인 이해관계에 휘둘리게 되고, 궁극적으로 자본주의의 고질적 병폐라 할 수 있는 경기의 난동과 그 파괴력만 더 크게 하는 것이다.[23]

오늘날의 양극화에서 하층으로 추락한 대중의 심리를 로버트 라이시는 "상류층을 바라보는 눈에 증오가 가득하여, '나 자신이 부자가 되고 싶다'는 욕망보다 '그들을 끌어 내리고 싶다'는 욕망이 커질 때 엄청난 사회 혼란이 올 것이다."라고 말했다. 왜 이렇게 되는 것일까? 이러한 결과는 어디서 오는 것일까?

『약탈적 금융사회』의 저자 제윤경은 '약탈적 금융행위는 칼 든 강도보다 더 무서운 존재'라고 말하고 그 이유를 금융기관의 부도덕성을 거론하며 다음과 같이 비판하고 있다.

후순위 채권을 발행해서 저축은행의 부실을 메우자는 발상이 도대체 어떻게 나올 수 있었을까? 이제는 본말이 전도되어 금융회사를 살리기 위해 금융소비자가 희생을 감수한다. 소비자의 피해를 최소화하려고 금융기관에 공적 자금을 투입했는데, 오히려 금융소비자에게 손해를 끼치고 있는 것이다. 다수 소비자의 주머니를 털어 소수 금융회사를 살려내는 일이 반복되고 있으며 그것을 믿고 금융회사는 무책임한 영업을 계속한다. 장사가 잘될 때는 금융회사 주주의 수입이 늘고 장사가 안될 때는 국민이 그 손실을 메우는 말도 안 되는 일이 전 세계에서 벌어지고 있다. 이것은 부도덕하고 비윤리적이며, 비효율적이고 불법이다. 철학, 경제학, 법학 등 어떠한 학문으로도 이러한

행태를 정당화하지 못한다.[24]

약탈적 자본주의는 폭력이다. 전쟁이나 깡패가 쓰는 총이나 칼과 같은 무기가 돈이라는 것으로 바뀌었을 뿐 약자를 독식하는 속성은 변한 게 없다. 국민경제의 불평등은 결국 국민 절망의 원인제공을 한 불평등의 댓가(price of inequality)인 것이다. 그렇다면 이런 불평등을 확대 재생산하는 금융사들은 무슨 일을 벌이고 있는지 알아보자.

금융계가 밝히지 않는 진실

이정환은 그의 책『투기자본의 천국 대한민국』에서 은행 중심의 경제구조가 잘못되었다고 다음과 같이 설명했다.

세계적으로 저금리가 확산되면서 이미 은행 중심의 시대는 끝났다. 주식시장에 뛰어들지 않으면 자본은 이제 그 규모를 유지할 수 없다. 이제 버티려고 해도 버틸 수 없는 상황이 됐다. 멀리 갈 것 없이 우리나라만 봐도 상황 판단이 쉽다. 1997년 IMF는 우리나라 외환위기의 원인이 은행 중심의 경제구조와 기업의 경영 불투명성에 있다고 지적했다. 그리고 주식시장 활성화를 자금지원의 요구조건으로 내 걸었다. 정부는 금융구조 조정과 부실채권 처리를 목표로 기꺼이 이 조건을 받아들였다. 그리고 8년 뒤, 전체 주식시장의 절반 가까이를 외국인 투자자들에게 내주는 결과를 가져왔다. 주가가 한번 출렁거릴 때마다 외국인 투자자들은 엄청난 이익을 챙기고 빠져나간다. 주식시장 중심의 경제구조는 이미 그 폐해를 충분히 들어내고 있다.[25]

금융회사는 돈을 굴려 이익을 창출하는 기업이니 그야말로 돈에 관한 한 전문기관이다. 그러나 우리 서민들은 은행같은 금융기관이 공적기관이라는 개념을 가지고 있어 은행친화적인 생각을 갖고 있는 듯하다.

그러나 송승용은 그의 책 『금융회사가 당신에게 알려주지 않는 진실』에서 천만의 말씀이라는 내용을 다음과 같이 기술하고 있다.[26] 간단한 내용만 봐도 독자께서는 내용을 쉽게 이해할 수 있을 것이라 생각되어 요약한 내용만 적기로 한다.

o 솔직히 은행들은 외환위기 이후 너무 편하게 장사를 해왔다. 편한 장사 정도가 아니라, 정부가 은행 살리기에 발 벗고 나선 사이 편하게 예금받고 대출해 주고 이체수수료, 수표발행 수수료 등 각종 수수료를 다 챙겨왔다. 게다가 펀드도 팔고 보험도 판다. 여기서도 엄청난 판매 수수료를 챙긴다. 그야말로 땅 짚고 헤엄치기다. 당연히 돈을 많이 벌 수밖에 없다.

o 이렇게 번 돈을 일부 은행이 VIP 고객들에게는 재테크 강연회부터 시작해서 공연회 주최, 성인 자녀들 간의 미팅 서비스까지도 주선해 준다. 그동안 VIP들을 위해서는 흔쾌히 돈을 쓰면서도 일반 고객들에게는 너무 소홀히 해온 것이 사실이다. 홀대를 받으면서도 일반인들이 은행을 꾸준히 이용할 수밖에 없었던 이유는 다른 대안이 없어서이기도 하다.

o 금융회사가 숨기는 펀드에 관한 진실을 알아야 한다. 직원이 추천한다고 무조건 좋은 펀드가 아니다. 직원은 주로 자기에게 보수와 수수료가 높은 상품을 팔기 때문이다.

o 펀드 수익률과 내 돈 수익률은 다르다. 광고에는 대부분 거치식

수익률로 나오지만 내가 적립식으로 들게 되면 절반 정도의 수익률만 받을 뿐이다.

o 직원이 해외펀드를 추천하는 것은 해외펀드가 좋아서라기보다 국내 펀드보다 해외펀드 판매의 수수료와 보수가 높기 때문이다.

o 은행은 대출시 고객의 위축되는 심리를 이용해 먹는다. 은행은 그래서 적금도 들게 하고 다른 상품도 끼워 판다. 소비자는 위축되지 말고 자신 있게 조건을 꼼꼼히 따져봐야 한다.

o 금융회사가 숨기는 보험과 연금에 관한 진실도 알아야 한다. 그들은 당신의 자산이 늘어난다고 하지만 보험과 연금같은 보장자산은 자산이 아니라 비용이고 부채이다.

o 가입할 때는 다 된다고 해놓고 안되는 게 수두룩하다. 실버 보험은 가입도 어렵고 보장받을 가능성도 낮은 대표적인 사례다.

o 금융회사가 숨기는 생활 속 금융에 관한 진실을 알라. 대부업자도 살인적인 이자 때문에 대부는 절대 이용하지 않는다.

o 리볼빙 카드를 쓰면서 최소금액 결제를 하다 보면 원금이 산더미처럼 불어난다.

o 카드 포인트는 공짜가 아니다. 포인트는 사용금액을 늘리기 위한 미끼다.

o 신문에 나오는 소식이나 정보는 하루살이다. 이런 경제기사를 무조건 믿다가는 큰코다친다.

'양극화 생산 기계'

금융자본주의 사회를 상징하는 아래 그림에서 계급구조는 위층,

중간층 그리고 아래층 등 세개 계층으로 나뉘어 있다.

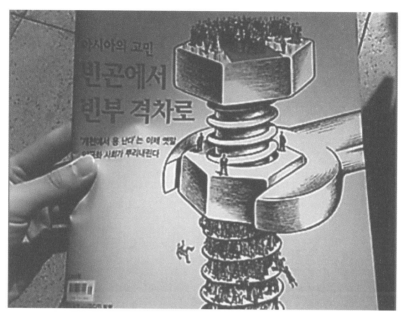

빈곤에서 빈부 격차로

    나사 꼭대기의 맨 위 계층의 양탄자 위에 있는 사람들은 선택된 부자들이다. 이들은 착취와 정복 등 공격적인 태도를 갖고 있는 재벌이나 은행가 또는 대 사업가들로 이들의 별명은 약탈자들(predator ship)이다. 중간층 너트 위에 서 있는 검은 양복 셋이 눈에 띈다. 아래쪽 사람들이 위로 기어오르는 걸 감시하고 있는 것 같다. 그들의 정체는 무엇일까? 우리 사회에서 계층 이동을 막고, 서민을 좌절시키는 감독관 역할을 하는 층이다. 돈의 명령을 받는 이들은 정말 무서운 냉혈인들이다. 이들은 거대자본의 사주를 받은 권력기관이나 신용관리 회사일 수 있고 정부, 기업, 언론 등 기득권 세력의 검열관일 수도 있다. 또 구조조정 전문가인 경제관료일 수도, 구사대일 수도 있다.

아래 계층은 주로 산업생산에 종사하며, 온정적이고 협동적인 행동특성을 보이는 일반 사람들(workman ship)이다. 아래로 죄어오는 금융경제 기계의 너트 밑에서 한없는 나락으로 추락하는 낙오자들은 신용불량자, 파산자 그리고 생활고로 인한 자살자들이다. 이러한 사회의 극적인 대비는 누가 조정하는 것인가? 나사를 조이고 있는 기계는 어떤 존재이며 누가 조정하는 것일까? 이 기계는 결코 아프지도 않고, 피곤함도 모르며, 노동조합에 가입하지도 않는 무한한 능력을 갖고 있다. 이 거대한 경제 기계 뒤에는 우리 서민들이 볼 수 없는 '보이지 않는 손'이 나사를 돌리면서 검은 양복들을 세우고 있을 것이다. 그러면 이 보이지 않는 손, 즉 지배자들을 떠받쳐주고 있는 것은 누구인가?

그들이 바로 소비자들이다. '대기업의 것은 모두 좋고 옳다.'는 고정된 경제관, 그리고 기득권을 갖고 있는 대기업의 유통구조를 선호하는 소비습관을 갖고 있는 우리들인 것이다. 대자본 지배하에서는 약탈자들의 약진이 가능하다. 그래서 비정한 정복과 파괴로 기득권을 유지하고 상속에 의해 사유재산의 영구화를 꾀한다. 결국 이런 것이 신자유주의인가? 이런 큰 사회문제를 안고 있는데 그냥 신자유주의라고 따르기엔 너무 무책임한 것 같다.

〈성장 vs 분배 감춰진 진실〉이란 글을 통해 김병욱은 신자유주의에 대해 다음과 같이 진단하고 있다.

신자유주의 이론에서 핵심역할을 하는 것은 자유시장이 아니라 공공자산의 자유화, 고용의 외주, 금융시장의 규제완화 등을 하는 국가권력이며, 신자유주의의 주된 성과는 창조보다는 재분배에 있다. 중산층이 계속 몰락하고 있는 이유도 바로 여기에 있다. 경제가 더 발전할수록 부의 불평등이 더 심화되고 편중되는 현실에서 언제까지 거대 자본가만이 혜택을 누리는 소수만을 위한 성장이 과연 진정한 사회적 정의가 될 수 있는 것인지 정치인과 집권자, 우리 모두 다시 한 번 고민할 때이다.[27]

옥스퍼드 대학과 예일대 교수로 클린턴 정부에서 노동부장관을 지내고 오바마 정부의 경제자문위원인 로버트 라이시는 그의 책 『왜 위기는 반복되는가』에서 중산층이 무너지는 것에 대해 다음과 같이 이야기하고 있다.

기업은 갈수록 부유해 지지만 개인은 갈수록 가난해지고 있는 경제 양극화는 부자들이 너무 잘살기 때문이 아니라 너무 적게 소비하기 때문이다. 2008년 금융위기 전 상위 10%가 총소득의 50%를 가져갔는데, 만약 중산층이 부를 더 가져갔다면 총소비는 더 커졌을 것이고, 심각한 빚의 늪에 빠지지도 않았을 것이다. 중산층은 앞으로 경제적 퇴보와 함께 상류층에 대한 박탈감을 동시에 느낄 것이다. 앞으로 기회가 없다고 느끼면 깊은 절망과 좌절감에 빠질 것이며, 이는 정치적 불안정을 가져올 수 있다. 대기업과 경영진들의 로비자금은 워싱턴의 로비스트와 변호사, 홍보 전문가를 부자를 만들고 국회의원 수백 명을 타락시키고 있다. 이러한 사회적 구조로 서민의 실생활은 어려워지고 사회는 더 각박해져 가고 있다.

어떤 분은 블로그에서 '수입은 점점 줄고 먹고는 살아야 하겠고, 나오느니 한숨이요, 느는 건 빚 뿐이다.'라고 생활의 고달픔을 전하고 있다.

과거는 현재의 기억이고, 미래는 현재의 기대라고 한다. 이제 이러한 미래 문제를 해결할 방법이 무엇인지 고민해 보자. 이러한 점에 맞추어 신자유주의가 주는 폐해를 줄이면서 우리의 경제 체질을 인본자본주의로 전환할 수 있는 방법은 무엇일까?

이러한 경제적 어려움을 해결하기 위해서는 소비자들의 경제인식과 나눔의 실천이 필요하다. 우선 현실적 경제문제의 관건은 부채문제다. 부채는 과거를 현재에 옭아매는 족쇄가 되고, 미래의 희망을 갉아먹는 괴물이 되기 때문에 부채가 삶의 기초를 위협하도록 방치해서는 안된다.

다시 말하면 늘어나는 가계부채는 두고두고 평범한 사람들의 인간성을 파괴시킨다. 우리는 부채가 삶을 파괴하지 않는 사회를 만들어야 한다. '약탈적 금융시스템'의 실체를 파악하고 그 피해자가 되지 않도록 조심해야 한다. 그리고 그들의 관행을 더 이상 용납해서는 안된다.[28] 앞으로도 경제정책은 재벌과 부자, 관료들의 경제이익추구에 의해 왜곡되고, 끊임없이 로비의 대상이 되며, 종종 국민의 이익이 아니라 정치적 이해에 따라 움직이게 되어 불확실성은 더욱 증가될 것이다.

양극화의 문제점

돈이란 것은 '인간 공동체들이 교환을 용이하게 하기 위해 발명한 사회적 관습에 지나지 않는다'고 했다. '빨대효과'라는 말이 있다. 교통통신이 발달하면서 경제적 효과가 대도시로 몰리는 결과를 빗대는 말이다. 예를 들면 KTX의 개통으로 수원 대구 등 중간도시의 경제가 서울과 부산으로 빨려 들어간다는 의미다. 지금은 돈이 교환기능을 넘어 더 많은 돈을 얻기 위해 돈을 이용하는 시스템이기 때문에 사실상 돈을 버는 빨대가 된 것이다.

그런데 적은 돈으로 많은 돈을 '빨아대는' 방법의 대부분은 독점이나 정보의 왜곡, 또는 은폐나 불공정한 제도에 의존하는 경우가 많아졌다. 대부분의 부자들은 정상적으로 돈을 벌지만, 적지 않은 수가 비정상인 방법으로 돈을 모으고 있다는 것은 부정할 수 없는 사실이다. 오늘날 돈이 많은 사람들 중에 적지 않은 사업가나 금융인들은 권력과 유착하는 불공정게임을 자행하고 있다면 무리한 예측일까? 이를 심판하는 공무직 심판관도 불공정한 룰에 의해 금력과 권력을 얻은 사람들이 많아지니 불공정한 불의의 게임은 계속되고 있는 것이다. 체급이 다른 선수들의 불공정한 경제게임은 오늘도 계속되고 있다.

담쟁이

도종환

저것은 벽
어쩔 수 없는 벽이라고 우리가 느낄 때
그때 담쟁이는 말없이 그 벽을 오른다.

물 한 방울 없고 씨앗 한 톨 살아남을 수 없는
저것은 절망의 벽이라고 말할 때

담쟁이는 서두르지 않고 앞으로 나아간다
한 뼘이라도 꼭 여럿이 함께 손을 잡고 올라간다

푸르게 절망을 다 덮을 때까지
바로 그 절망을 잡고 놓지 않는다

저것은 넘을 수 없는 벽이라고 고개를 떨구고 있을 때
담쟁이 잎 하나는
담쟁이 잎 수 천 개를 이끌고 결국 그 벽을 넘는다

제4장

피케티의
『21세기 자본론』

피케티의 『21세기 자본론』

1. 욕심주머니 속의 약한 인간

시골의사라는 별명을 가진 박경철은 욕심의 속성을 이렇게 비유했다. 그는 "오늘날 우리 경제사회에서의 행복의 공식은 〈가진 것 ÷ 욕망〉이다. 우리는 맹렬하게 분자인 가진 것을 키우려 하지만, 분자가 자라는 만큼 분모도 같이 자라게 된다. 그 결과 상대적 욕망에 제동이 걸리지 않기 때문에 분자가 아무리 늘어도 무겁게 늘어지는 분모의 추도 또다시 늘어나서 우리는 언제나 행복할 수가 없다. 더 가짐으로써 행복하려는 믿음은 정상에 바위를 밀어 올리려는 시지프스의 신화에 불과하다."라고 비유했다. 헛도는 욕망의 쳇바퀴라고나 할까?

막스 베버는 "결코 정착할 줄 모르고 끝없이 확장에 나서고 싶은 충동이 자본주의의 핵심이다"라고 주장했다. 그는 "도박꾼이나 다름없는 무모한 탐험가들과, 수학적이고 냉혹한 수익증대를 목표로 움직이는 금융전문가들의 한계가 오늘날 자본주의라고 부르는 체제의 핵심에 자리 잡고 있다. 그 결과 경제시스템이 늘 기이한 이중성을 보이고 있다. 그리고 이들을 중심으로 한 기득권 세력들은 이 체제를 유지하는 '신용사회'라는 공고한 '금융주의 성채'를 구축했다."라고 말했다.

박경철은 '신자유주의적 사고의 확산이 가져온 폐해'에서 다음과 같이 진단하고 있다.

신자유주의가 대두된 결정적인 이유는 브레턴우즈 체제의 붕괴와 마르크시즘의 후퇴다.[29] 금의 달러가치를 고정하는 브레턴우즈 체제가 1971년 완전히 붕괴된 후 자유변동 환율제가 확산되면서 인플레이션이 고조되었다. 결과적으로 기업의 이익은 증가하고 개인의 소득은 정체되었다. 또 미소 양국이 주도한 체제경쟁은 구소련권을 필두로 한 공산주의 진영의 자멸을 이끌어내는 데 성공했고, 이 성공에 도취된 미국의 자유주의자들이 '신자유주의'라는 교범을 완성하게 된 것이다. 기업들이 자신의 이익만 증가하면 그만이라는 신자유주의적 시장 만능주의를 견제하지 못하면 우리들의 미래는 앞으로 더욱 어두워질 것이다.

그래서 기존의 법과 경제질서를 바꾸지 않는다면 세상은 점점 더 삭막해지고 편중되어, '온통 글자 자국으로 뒤덮인 노예들의 얼굴처럼' 서민들의 사회생활은 파괴되고 말 것이다. 노예시대에는 노예를 사면 그 노예 얼굴에 자기 소유를 나타내는 이름이나 기호를 각인해 얼굴 위에 글자들이 가득했다는 잔인함을 이르는 말이다.

서구 정치 사상사에 가장 큰 영향을 미친 법철학자 장 보댕의 제안을 보자. 장 보댕은 그의 책 『국가론』에서 '제도는 마음 위에 세워져야 한다'는 뜻으로 다음과 같이 말했다.

친교와 우정이 모든 인간사회와 시민사회의 바탕이다. 친교와 우정이 '진실하고 자연스런 정의'를 이루며, 계약과 법원, 심지어 정부의 법률적 구조도 반드시 그런 정의의 토대 위에 세워져야 한다. 이와 비슷하게 경제와 화폐 중심의 교환기능도 신뢰하고 거래하는 행위에서도 언제나 인간관계가 최우선인 것으로 받아들여져야 한다.

여기서 우리 자신을 돌아보자. 우리는 우리 스스로 이런 인간 속성의 메커니즘을 이해하고 욕망을 합리적으로 관리할 수 있는 각자의 삶의 가치와 철학을 위해 노력해야 한다. 행복 충족의 조건은 개인의 문제만이 아니다. 모든 국민의 행복은 사회와의 관계로 연결되기 때문이다. 그러므로 이상적 가치에 대한 지속적인 교육과 계몽이 필요하다.

황금을 쌓아두고 굶어 죽은 사람들

다윈의 진화론은 양면성이 있다. 다윈의 적자생존론은 인류의 삶을 경쟁의 혼돈으로 몰아넣은 점도 간과할 수 없다. 적자생존의 자연환경에서 생각이 없는 동물세계의 법칙을 인간법칙화 했기 때문이다. 물론 '생각하는 동물'이라는 면이 없는 것은 아니지만… 이런 연유로 오늘의 우리 인류는 물질주의와 이기주의의 옷을 입고 '삶의 투쟁'이라는 링 위에 올려진 검투사들이 되었다. 그래서 우리는 생존경쟁이라는 게임을 매일 하면서 협력이나 배려, 나아가 사랑이라는 원래 인간적인 요소들을 점차 잃었고 이제는 생각할 겨를조차 없게 되고 있다. 다음 이야기는 욕심으로 채워진 우리의 자화상이다.

원숭이가 많은 지역에서 원숭이를 잡는 방법은 의외로 간단하다. 손에 잡고있는 병 속의 먹이를 포기하면 쉽게 빠질 수 있지만, 이 원숭이는 그렇게 하지 못해서 눈이 말똥말똥한 채로 잡히고 만다. 이와 유사한 인간의 황금만능주의 속성은 아래 이야기와도 통한다.

한 여객선이 심한 폭풍우로 항로를 잃고 헤매다가 어느 무인도에서 난파되었다. 승객들이 머리를 모아 아무리 의논을 해도 무인도를 빠져나갈 방법이 없었다. 난파된 배 주위를 살펴보니 다행히 몇 달 먹을 식량과 씨앗이 있었다. 그들은 사는 날까지 먹고 살아야 했기에 씨앗을 심기로 결정하고 땅을 파기 시작했다.

그런데 이 땅에서 황금덩어리가 나오기 시작했다. 그들은 환호하며 씨앗 뿌리는 것도 잊어버리고 황금을 캐느라 온 무인도를 동분서주했다. 몇 달 후 황금은 산더미같이 쌓였고 그들은 누구나 할 것 없이 모두 다 지쳤다. 그리고, 설상가상으로 식량까지 바닥이 났다. 그때서야 그들이 씨앗을 뿌리려고 했지만 때는 이미 늦고 말았다. 훗날 그들 모두 황금더미 옆에서 굶어죽은 시체로 발견되었다.

이 이야기는 우리 현대 삶의 민낯을 비춰준다. 인간다움의 씨앗이 메말라 싹조차 움트지 못하게 되지 않도록 대비해 나가야 한다. 이것이 우리들의 몫이다. 우리가 황금에 눈이 멀어 돈만 숭상하여 인간사회의 황폐함을 더해 가면 결국 인간사회는 희망이 고갈될 수 있다.

2. 시장경제는 가난한 사람들에게 작동하지 않는다.

지금까지의 자본주의의 폐해는 공공자산에 대해서도 지속적으로 사유화 해왔다는 것에도 문제가 있다. 네그리는 그의 책 『공통체』에서 다음과 같이 문제를 제기하고 있다.

자본주의는 이 '공통적인 것'을 '사적인 것'과 '공적인 것'으로 분리해 사적이거나 공적인 소유체제에 종속시켜 왔다. 최근의 자본주의인 신자유주의는 경제적인 것을 모두 '사적인 것'으로, 사회적인 것을 모두 '공적인 것'으로 재배치하는 구도를 밀어붙이고 있다.[30]

미국의 백만장자인 워렌 버핏은 자본주의 경제의 꽃인 금융시장에서 투자를 통해 막대한 부를 축적했고, 그 다음에는 그 돈을 사회에 환원했다. 그가 사회에 환원한 액수는 약 37조 원(3백70억 달러)으로 유래 없는 액수라고 한다. 그러나 그는 "시장경제는 가난한 사람들에게는 작동하지 않는다"고 말했다.[31]

워렌 버핏은 자본주의의 모순된 구조를 통해 천문학적 액수를 벌었고 그 천문학적인 액수를 다시 자본주의의 모순된 구조를 개선하기 위해 쏟아부었다. 가난한 사람들에게 시장경제는 작동하지 않는다고 생각했기 때문이지 않을까? 결국 가난한 사람들에게는 시장경제는 족쇄가 될 수 있는 것이다.

법대로 해도 공존경제다

우리나라 헌법 제9장 경제편 제119조에서 우리나라 경제의 틀을 다음과 같이 2개 항으로 규정해 놓고 있다.

① 대한민국의 경제질서는 개인과 기업의 경제상의 자유와 창의를 존중함을 기본으로 한다.

② 국가는 균형있는 국민경제의 성장 및 안정과 적정한 소득의 분배를 유지하고, 시장의 지배와 경제력의 남용을 방지하며, 경제주체간의 조화를 통한 경제의 민주화를 위하여 경제에 관한 규제와 조정을 할 수 있다.

결국 초점은 경제활동의 자유와 창의를 강조하는 1항이 우선인가, 과잉자유에 대한 국가의 규제를 강조하는 2항에 중점을 둘 것인가에 모아진다. 하지만 시장자유를 강조하면 경제력집중과 왜곡된 부의 분배가 폐해로 부각되고, 경제민주화를 강조하면 시장경제의 자율이 훼손되는 등 가치의 충돌이 발생할 수밖에 없다. 잘 모르거나 관심이 없는 측들이나 언론 등에서 '섣부르게 어느 한쪽의 가치를 편들 수 없다.'고 객관적인 듯한 자세를 보이지만 이는 진실이 결여된 처사다.

전문가들은 "현재 심각하게 진행되고 있는 경제 양극화, 2008년의 세계금융위기에서 본 자유방임주의의 경제파괴 결과와 고용의 유연성과 인력운영의 효율성을 내걸고 자행되는 비정규직과 정리해고, 계속 독버섯처럼 점포를 늘려가는 대형 수퍼마켓(SSM)[32]의 출현 등에서 보여지는 대기업의 횡포 등을 당하고 있는 서민들의 입장을 안다면 119조 2항은 폐지되거나 수정해야 할 조항이기는커녕 더 강조 보완되어야 할 조항이다."라고 주장하고 있다. 우리 헌법은 지금까지 우리 헌법이 탄생 이래로 이야기하는 경제질서는 일관되게 경제정의와 경제민주화였다고 할 수 있다.

경제 세계화의 꼼수

핫머니같은 국제 금융그룹들이나 자본집단들은 목표로 삼은 어떤 국가를 무장해제시켜 경제를 장악한 뒤 큰돈을 벌기 위해 경제불황을 조작한다. 그들의 전문용어로 '양털깎기(fleecing the flock)'를 하는데, 먼저 신용대출을 확대함으로써 거품을 조장한다. 부동산 가격이 마구 치솟고 주식시장도 '묻지마 투자' 상황이 된다. 사람들은 부동산 광풍, 주식 광풍에 눈이 멀어 은행 빚을 끌어댄다. 그런 다음에는 갑자기 통화량을 줄여 경제불황을 만들어 재산가치 폭락을 유도한다. 그리고 우량자산의 가격이 1/10, 또는 1/100로 폭락하기를 기다려 말도 안되는 헐값에 사들인다. 잘 자란 양털을 깎기 시작하는 격이다. 이것이 세계화의 결과고 한국 IMF의 경험이다.

그리고 노동의 유연성도 노동시장의 근본질서를 파괴하여 내부적 혼란을 가중시키게 되지만, 인력의 효율성이란 측면에서 파견직, 아웃소싱, 특수고용 노동자 등 싼 노동력을 얻기 위한 방법으로 고착화된다.

3. 피케티의 『21세기 자본론』의 핵심 내용

세계적 베스트셀러가 된 프랑스 경제학자 토마 피케티(Thomas Piketty)
의 『21세기 자본(Capital in the Twenty-First Century)』을 전문가들은 다음과
같이 평가하고 있다.

2008년 노벨경제학상을 받은 프린스턴대 경제학과 폴 크루그먼
교수는 책 소개에서 "이 책은 향후 10년 동안 가장 중요한 경제학 저
서로 자리매김할 것이라고 말해도 과언이 아니다. 소득과 부의 불평
등 연구에서 세계적 권위자인 피케티는 소득이 소수의 경제 엘리트
들에게 집중되고 있음을 보여주는 것으로 멈추지 않는다. 우리가 '세
습자본주의'로 다시 향하고 있고, 부유층 안에서도 상속자들이 경제

주도권을 쥐고 있으며 재능이나 노력보다는 태생이 중요해진다는 점을 드러낸다"고 말했다.

경북대 경제통상학부 이정우 교수의 전문적인 평가를 들어보자. 피케티의 이론 구조가 워낙 단순하면서 3세기에 걸친 방대한 통계자료로 뒷받침되고 있기 때문에 이를 허무는 것은 정통파 경제학자들에게 매우 어려운 과제가 될 것으로 보인다. 마침 2014년 5월 한국은행과 정부가 새 통계를 발표했다. 이 통계 없이는 베타값(β)의 추정이 불가능한데, 이 자료를 갖고 〈새로운 사회를 여는 연구원〉의 정태인 소장이 잠정 추정한 것을 보면 한국의 β값은 7을 넘는다. 이 값은 선진국에서 대개 5~6 정도다. 피케티 연구에서 β값이 가장 높은 일본, 이탈리아보다 한국이 더 높게 나온 것은 한국에서 부의 불평등이 상당히 심각할 것이라는 암시를 준다. 이것은 100년 전 프랑스의 소위 벨 에포크 시대에나 있었던 높은 값이다.

필자는 피케티의 『21세기 자본』을 평가할 만큼 전문적인 학자가 아니지만, 우리가 처해있는 민주주의와 자본주의의 발전을 위해 자체 모순인 양극화를 해결해가야 한다는 데 초점을 맞춘 그의 연구에 찬사를 보낸다. 그의 책은 박력있고 설득력 있는 역사적 성과라고 할 만하다. 그러면 그 핵심적인 결과가 무엇인지 하나씩 살펴보자.

상하위간 소득의 몫

우선 그는 부자 그룹과 서민 그룹이 어떻게 경제의 몫을 나누고 있는가를 제시하고 있다. 아래 그래프는 미국에서 1917년부터 2012년까지 95년간 상위 10%의 부자 그룹과 하위 90%의 서민 그룹이 부를 차지하는 비율이 어떻게 변화되어왔는지와, 서민 그룹의 몫이 상대적으로 변하는 상관관계를 보여준다.

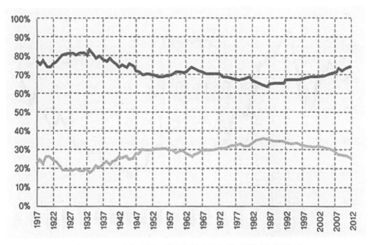

미국 1917~2012년 미국 상위 10% 대 하위 90%의 부

한국에서 상위 10%의 점유율

주류경제학에서는 부유층이 더욱 부유해져야 서민층도 따라서 경제적 혜택을 누릴 수 있다고 주장한다. 그러나 앞의 그래프를 보면 이 주장이 허구라는 것을 증명해 주고 있다.[33]

앞의 그래프는 한국에서 상위 10%가 어떻게 부를 점유해왔는지 변화추이를 보여준다. 1997년부터 1998년까지 상위 10% 부자 그룹의 부는 대폭 증가했다. 그러다가 1998년을 전후해 IMF 때 주춤했으나 다시 증가하는 추세로 나타났다.[34]

그의 연구는 불평등을 불러오는 원인을 찾아낸 것인데, 축약하면 자본수익률이 경제성장률보다 높다. 자본 즉 부(富, 돈)에게 일하지 않고도 이자 등으로 돈을 벌게 해 주어 빈부의 격차를 점점 크게 벌려왔다는 것이다.

아래 그래프를 보면 1700년부터 2012년까지 세계의 생산성장률

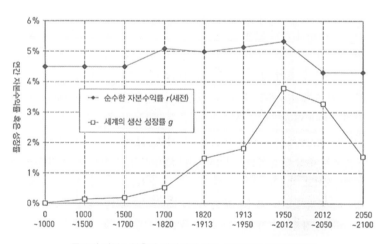

글로벌 자본수익율과 생산성장 비교, 고대부터 2100년까지
(자료; 피케티의 『21세기 자본』, 424쪽)

은 지속적으로 증가했으나, 2012년부터 하락했고 앞으로 2050년까지 지속적으로 하락할 것으로 예상하고 있다. 2020년 글로벌 펜데믹 이후 인플레이션과 물가, 그리고 오르는 이자율 간의 힘겨루기는 더욱 세계경제를 위축시킬 것으로 보인다.

인천대 양준호 교수의 〈소득 불평등 해소를 위해 '자본과잉'에 대항해야〉라는 에큐메니안호 칼럼을 통해 좀 더 자세히 알아보자. 자본가와 노동자 간의 소득격차 문제는 19세기 칼 맑스(Karl Marx) 이후 '진보적인' 정치경제학이 자본주의 경제시스템을 분석하는데 있어 가장 집중해서 주목하고 있는 문제이다. 그러나 우리나라 경제학 강단에서 주류의 자리를 굳건히 지키고 있는 신고전학파 경제학으로 불리는 보수 경제학에는 이와 같은 자본주의 시스템에서 계급 간 소득격차 문제를 다룰 수 있는 소득분배의 이론체계를 찾기 어렵다. 특히 미국 등과 같은 신자유주의적 정책기조가 강한 여러 나라(물론 우리나라도 포함된다)에서 지금 심각해지고 있는 극단적인 소득격차 현상을 제대로 분석하고 원인을 규명할 수 있는 이론적 설명이 부족하다.

피케티는 이와 같은 소득분배의 양상을 설명하는 가설로서, 다음과 같은 자본주의의 '근본적 모순'을 제시한다.

r>g

여기서 g는 경제전체의 성장률이며 r은 자본축적을 통해 얻는 자본수익률이다. 여기서 r이 g보다 크면, 자본수익이 차지하는 비중이 커지는데, 이때 자본의 투자가 늘어나 결국 자본÷소득 비율이 높아지게 되면서, 위에서 언급한 '자본주의의 제1 법칙'에서 '자본분배율'

이 상승하게 된다. 즉 자본수익률이 성장률을 항상 상회하게 되면, 자본수익이 늘어나는 속도가 자본가가 취득하는 것 외의 소득이 늘어나는 속도를 상회하게 되면서 소득격차가 확대된다는 것이다. 바로 이런 관계 때문에 소득분배의 불평등화 현상이 심화된다는 것이 피케티의 핵심 주장이다.

결국 '자본과잉'에 의한 소득 불평등의 확대가 '300년 자본주의'의 역사에서 일관되게 나타나고 있다는 것이 바로 피케티가 이 책에서 제시하고자 하는 결론이다. 특히 미국에서 이러한 경향이 가장 강하게 작동하여 상위 1% 계층에 미국 전체 소득의 약 20%가 집중해 있다. 이는 미국의 자본수익률이 유럽이나 일본, 한국 등 기타 지역 경제 선진국에 비해 높아 결국 자본÷소득 비율 역시 높게 나타나고 있는 것이 그 원인인 것이다. '자본수익률'을 어떻게든 낮춰야 '자본과잉' 현상을 막아 결국 소득 불평등을 해소할 수 있다.

소득 불평등의 과거와 미래

다음 그래프는 1910년부터 2010년까지 100년간 미국 국민소득의 계층 구조에서 상위 10%의 몫이 어떻게 변화되어 왔는지 보여준다.

상위 10% 계층은 1910년대와 1920년대에 국민소득의 40~50%나 차지하고 있었다. 하지만 이들의 몫은 1970년대 말까지 30~35%로 줄어들었다. 그 후 1980년대에는 불평등이 크게 증가해 2010년까지 상위 10%의 몫은 국민소득의 40~50% 수준으로 되돌아갔다.

현대에 와서 1980년대 이후 2010년까지 불평등은 지속적으로 증가
해왔다.[35]

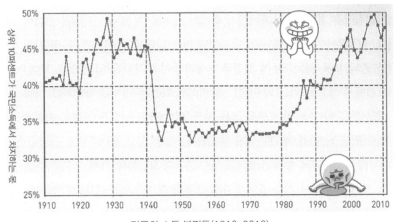

미국의 소득 불평등(1910~2010)
(자료; 피케티의『21세기 자본』, 36쪽)

　19세기 이전의 역사에서 대부분 그랬고, 21세기에 다시 되풀이 될
가능성이 크듯이 자본수익률이 크게 웃돌 때는, 논리적으로 상속재
산이 생산이나 소득보다 더 빠르게 늘어난다고 할 수 있다. 물려받은
재산을 가진 사람들은 자본에서 얻는 소득의 일부만 저축해도 전체
경제보다 더 빠른 속도로 자본을 늘릴 수 있다. 이런 상황에서는 거의
필연적으로 상속재산이 노동으로 평생 동안 쌓은 부를 압도할 것이
고 자본의 집중도는 극히 높은 수준에 이를 것이다. 그런데 이런 수준
의 집중도는 능력주의의 가치, 그리고 현대 민주사회의 근본이 되는
사회정의의 원칙과 맞지 않을 수도 있다.
　그러나 그는 "우리가 과거의 혼란에서 배운 것을 통해 자본주의를
더욱 평화적이고 지속 가능하게 조절하는 방법을 찾을 수 있다고 믿

고 싶다."라고 했다. 또 그는 "자본주의 체제 자체는 불평등 경향을 되돌릴 수 있는 능력을 가지지 못했다"고 했다. 그의 주장은 〈뉴욕 타임스〉가 '북 리뷰'에서 '피케티 혁명'이라는 용어를 사용했을 만큼 현대 사회의 핵심적인 주제가 되고 있다.[36]

이 책의 핵심적인 내용은 그가 말한대로 "우리는 앞으로 부와 불평등에 대해 더 이상 지금까지의 방식으로는 이야기할 수 없게 될 것이다. 우리는 '세습 자본주의'로 돌아가고 있는 것이다. 이런 체제에서는 재능 있는 개인이 아니라 족벌 왕조가 경제시스템의 사령부를 통제하게 된다."라고 할 수 있다.[37] 그래서 피케티는 현 불평등 문제를 해결하기 위해 고소득자에게 높은 소득세와 국제적으로 동시에 부에 대해 매기는 세금인 국제 부유세, 그리고 교육에 대한 공공투자확대 등을 제안했다. 그리고 선진국 고소득자에 대해서는 80% 이상으로 세금을 올리는 게 적절하며, 모든 형태의 부에 대한 부유세를 신설해야 한다고 주장했다.

그는 그의 책 요약에서 "자본의 수익률이 생산과 소득의 성장률을 넘어설 때 자본주의는 자의적이고 견딜 수 없는 불평등을 자동적으로 양산하게 된다. 한가지 결론은 꽤 분명하다. 현대적 성장의 특징이나 시장경제 법칙과 같은 어떤 것이 부의 불평등을 줄이고 조화로운 안정을 달성할 거라는 생각은 착각이라는 것이다."라고 강조했다.[38] 아마 이것은 자본의 속성이 그 한계와 도덕성을 알지 못하는 데서 오는 것으로 볼 수도 있다.

피케티가 말한 대로 적당한 수준의 불평등이 존재한다면 경제성장으로 모두에게 유익할 수 있다. 문제는 1%의 자본가 부자들이 국민경제성장 과실의 60~70%를 가져가는 지나친 불평등으로 모두에게 해를 입힐 수 있다는 데 있다.

KBS는 토마 피케티(Toma Pikkety)의 방한을 계기로 2014.10.10 〈KBS 파노라마〉 방송을 통해 피케티의 『21세기 자본』에서 각종 사례를 비교적 중립적 시각에서 자본주의의 문제를 조명했다. 피케티가 미국의 사례를 중심으로 20세기~21세기 초까지 상위 1%의 소득계층이 차지하는 소득 비율을 연구한 내용을 상세히 방송했다. 그리고 KBS는 미국 상위 1% 기업가의 입을 통해, 그리고 한국의 정규직 전환 노동자의 인터뷰를 통해 피케티의 해결책이 그저 이상향이 아님을 부연 설명하였다.

상위 1%가 성장과실의 60%를 차지한다는 방송 내용

그러나 한국의 안재욱 등 7명의 경제학자들은 『피케티의 21세기 자본 바로읽기』를 통해 '배아픔 정서를 부추기는 피케티 경제학', '가난으로 인도하는 피케티의 『21세기 자본』', '좌파경제…' 등으로 혹독하게 비판하였다. 필자의 생각으로는 주류경제학을 대변한다기 보다 경제 기득권 세력에 기생하는 굳어버린 고전 경제학자들이란 이미지를 떨쳐버릴 수 없음은 안타까운 일이다.

필자는 이 경제학자들이 '유럽에서는 상위 10%가 부의 60%를, 미국에서는 70% 이상을 소유한다는[39] 사실과 한국의 양극화도 이보다 더하면 더했지 못하지 않다'는 것을 생각했으면 한다. 피케티는 그의 책에서 "분명히 말하지만, 이 책의 집필목적은 자본소유자들과 대비해 노동자들이 처한 처지를 옹호하기 위한 것이 아니라, 독자들이 가능한 한 현실을 직시하도록 하는 것이다. 자본과 노동의 불평등은 강한 상징성을 지니며, 격정적인 감정을 불러일으키는 이슈다."라고 말한 것을 우리 학자들이 액면 그대로 믿었으면 좋겠다.

우리는 여기서 앞으로 이 확인된 '세습자본주의'와 '부의 끔찍한 불평등'에 어떻게 대처할 것인가를 고민해야 한다. 이제 더 이상 누구도 불평등의 증가가 경제성장의 부산물이라거나, 자본이 성장을 촉진하기 때문에 안정적인 지위를 보장받아야 한다는 식의 비논리적인 주장은 쉽게 할 수 없을 것이다. 게다가 이런 상대적 소득 불평등의 증가가 어떤 경제적 효용도 가져오지 못했다는 사실도 매우 중요한 것이다. 전 유럽 차원의 부유세를 도입하는 것이 현재 논의되고 있는 다른 어떤 방법들보다 간단하며, 공정하고, 유로존 재정위기에 있어서도 훨씬 성장 친화적인 방법이라는 그의 주장은 나름대로 일리가 있다. 중앙은행이 강제로라도 부의 재분배를 담당해야 한다는 주장도 일리가 있고, 미국이 최고 소득구간 세율을 80%까지 올리는 조치를 취해야 한다는 것도 현재의 경제적 난관을 해결하는 한 방법이 될 수 있다는 주장도 일리는 있지만, 실제 이것을 실천하는 것은 전혀 다른 문제다.[40)]

피케티는 "나는 모든 사람에게 평등하게 적용되고 민주적 토론을 통해 보편적으로 받아들여지는 법의 지배아래 정의가 실질적으로 실현되는 것을 보고 싶다."고 하면서 "우리 사회가 정말 민주적일까? 21세기 자본주의가 나아갈 길은 어때야 할까? 민주주의가 자본주의의 노예가 되지 않도록 다 같이 노력해야 하지 않을까?"라고 질문아닌 주문을 하고 있다.

피케티는 그의 연구결과를 다음과 같이 요약하고 있다. 부와 소득의 불평등에 관한 어떤 경제적 결정론도 경계해야 한다는 것이다. 부의 분배는 언제나 매우 정치적인 것이었으며, 순전히 경제적인 메커니즘으로 환원될 수는 없다. 특히 대부분의 선진국에서 1910년에서 1950년 사이에 불평등이 줄어든 것은 무엇보다 전쟁의 충격을 극복하기 위해 채택한 정책들이 불러온 결과다. 이와 비슷하게 1980년 이후 불평등이 다시 커진 것은 대체로 지난 수십 년간 나타난 정치적 변화, 특히 조세 및 금융과 관련한 변화에 따른 것이다. 불평등의 역사는 경제적, 사회적, 정치적 행위자들이 무엇이 정당하고 무엇이 부당한지에 대해 형성한 표상들, 이 행위자들 간의 역학관계, 그리고 이로부터 도출되는 집합적 선택들에 의존한다. 불평등의 역사는 관련

되는 모든 행위자가 함께 만든 합작품이다.

그러므로 우리는 양극화 문제해결을 일부 전문가에게만 맡기지 말고 경제학자, 정책수행자, 소비자 등 모든 경제주체들이 종합적으로 협력해 나가야 할 것이다. 그래서 '자본과잉' 현상에 대한 대책과 피케티가 주장하는 글로벌 차원의 '자본과세'를 검토해야 한다. 그 실현가능성의 문제는 차치하더라도 그의 제안은 실증적이고 또 역사적 관점에서 보더라도 논리적이다.

4. 승자독식에서 상생의 인본주의로

사회 갈등 치유 시급하다

한국의 미래전망을 보면 한국의 발전은 계속되어 2050년경에는 한국이 GDP기준으로 2위 국가가 될 것이라고 골드만 삭스가 예견했다고 한다. 그러나 한국의 현 사회상은 소득, 지역, 정치적 이념, 진보와 보수, 세대간 등의 여러가지 갈등요인으로 그야말로 복잡다단하다. 이러한 갈등은 한국사회가 그동안 '한강의 기적'이라 통칭되는 성장 일변도의 고속 경제 성장에만 몰입해 오는 과정에서 불가피하게 따라오는 그림자라고 할 수 있다.

한국은 중진국에서 선진국을 향해 열심히 뛰어가고 있다. 식사시간 줄이고 잠 덜자고 오직 더 많은 일을 하는 개미과 민족이다. 그러나 이런 불평등 구조에서는 뛰면 뛸수록 사회적 불평등은 더욱더 심해질 것이다.

그래서 지금의 불균형문제를 해소하지 않고 세계 3위의 고소득 국가 G3가 된다면 대다수의 국민들은 정신병자가 되지 않으란 법이 없다. 불균형의 초고속성장으로 인한 후유증이 가중되기 때문이다. 이미 지금도 20~30대 젊은이들은 미래의 희망보다는 현재의 행복을 위해 장년층보다 여가 소비율이 더 높다고 한다. 미래에 대한 불신이다. 이렇게 사회구성원들이 미래를 불신한다면 나라의 미래도 장담할 수 없다. 이제 그 갈등과 불평등을 해소하지 않는다면 점점 그 시기는 늦어지고 그 댓가는 눈덩이처럼 불어날 것이다.

앞으로 자본주의의 미래는 계속 지속될 수 있을까? 앞으로 인류는 어떤 경제체제로 살아가는 것이 인간의 미래를 위해 제일 좋은 것일까? 인터넷의 급부상과 함께 대두한 경쟁전략 중 가장 영향력이 컸던 논리는 승자독식의 수확체증(Increasing Returns) 법칙이다. 수확체증법칙은 어떤 기술이나 기업이 고객 네트워크에서 임계점을 넘어서면 초기 경쟁의 승자가 시장을 장악하면서 높은 이윤을 향유하는 반면, 초기 경쟁의 패자나 후발 기업들은 생존조차 어려워지는 현상을 말한다. 불편한 진실은 이 법칙이 지금도 더 공고해지고 있으며 앞으로도 더 강화될 수밖에 없다는 것이다.

그래서 승자독식의 자본주의를 그대로 두면 공멸할 것이라는 우려가 커지고 있고, 폐해를 경험한 서민층의 반발이 점점 실체를 드러내고 있다. 자본주의의 거점이라고 할 수 있는 미국 월가에서 '금융의 월가를 점령하라!'는 문구를 앞세운 시위대가 2011년 말에 등장했고 우리나라에서도 유사한 움직임이 있었다. 이것은 국가경영에도 큰 부담이 된다.

아리스토텔레스는 『정치학』에서 '재산에 있어서 부자도 가난한 자도 아닌 중간 상태가 최선이다. 이러한 상태에 있는 사람들이 이성에 가장 잘 따른다. 따라서 중산계급에 기초를 두고 있는 나라가 최선의 상태에 있음은 두말 할 나위 없다.'라고 했다고 한다.

이제는 자본주의 경제를 움직이는 공식과 기능이 '사람의 가치를 우선하고 함께 사는 사회'를 만드는 방향으로 바뀌어야 한다. 이제 승자독식의 금융자본주의 논리에서 벗어나 상생의 인본 자본주의로 새롭게 변화하기 위해서는 나 중심의 '추격전략'에서 함께가는 '공존전략'으로 바꾸어야 한다. 함께 살아가는 상생의 생태계를 구축해야 하는 것이다. 그 이유는 지금까지 우리가 신봉하던 자본주의 체계가 이제 한계에 와 있기 때문이다.

그렇다면 앞으로 오는 경제는 무엇이라고 불러야 좋을까? 필자는 이것을 '21세기의 신뢰 자본주의'와 '따뜻한 자본주의'로 정의하고자 한다. 이 신뢰 자본이 만들어 가는 신소비자 공존경제는 인간을 인간답게 보고 자연을 함께 살아야 하는 동반자로 보는 생명사상으로 확대된다. 현실적으로 지금은 사람들이 서로 돕고 함께 사업을 하지 않으면 살 수 없게 되었다. 그러므로 기본적으로 서로의 이용가치보다는 타인존중의 진실성을 염두에 두어야 한다. 그동안 금전만능과 물질주의에 치어 우리 정신 내면 깊은 곳에 숨어있는 인간애라는 보물을 밖으로 들어내어 새로운 세상을 만들어 가야 한다. 이것이 서양에서 발전시켜온 경제를 더 유지 발전시킬 수 있는 동양적 가치의 조화라고 할 수 있다. 이제는 토끼와 거북이의 불공정한 게임의 이야기도 서로 돕는 상생의 틀로 바꾸어야 한다.

미래 경제사고의 틀

한국정보화진흥원은 〈트렌드로 보는 미래사회의 5대 특징과 준비 과제〉라는 보고서에서 미래사회의 5가지 특징을 ▷무한확장과 경쟁 심화 ▷개인화와 다원화 확산 ▷가상공간의 가치 증대 ▷디지털 휴머 니즘의 기술발달 ▷사회적 자본으로서의 신뢰강화 등으로 꼽았다.[41]

21세기 신뢰자본 플랫폼은 이와 같은 미래사회의 특징에 모두 해 당하는 것으로 가상공간의 가치와 디지털 휴머니즘을 위한 플랫폼은 신뢰를 전제로 한 깨어난 소비자들의 융복합 환승역이다.

미국의 경영학자 필립 코틀러 박사는 그의 책 『마켓 3.0』에서 시장 에서 가격이 주도하던 마켓 1.0, 가격과 서비스가 주도하던 마켓 2.0, 그리고 상품의 질과 가격은 비교적 같지만 그것을 '소개하고 판매하 는 사람이 누구인가'에 따라 구매가 결정되는 시장을 마켓 3.0으로 구분하였다. 필립 코틀러 박사가 정의한 마켓 1.0, 2.0, 3.0과 시대의 흐름을 1~3 물결로 정리했던 엘빈 토플러와 마켓의 흐름, 그리고 자 본주의를 1.0~4.0 버전으로 정리한 칼레츠키의 이론들을 비교 검토 하고 신뢰자본 플랫폼에 관련된 요소들을 종합해 정리하면 다음 표 와 같다.

『자본주의 4.0』의 저자 러시아 출신의 아냐톨 칼레츠키는 과거 자 본주의 역사 발전을 다음 세단계로 구분했다.[42]

o 자유방임주의 시대 자본주의를 자본주의 1.0

o 수정자본주의 시대의 자본주의를 자본주의 2.0

o 신자유주의 시대의 자본주의를 자본주의 3.0

o 인간중심의 따뜻한 자본주의를 자본주의 4.0

측면	농경사회	산업사회	정보사회	미래사회
시기	18세기	18-20세기	20-21세기	21세기 이후
사회 사상 현상	봉건경제 몰락 국부론 (1776)	다윈 진화론 (1839) 프랑스 혁명 (1879)	한국 IMF (1997) 금융위기 (2008)	양극화 위기 빈민 양산
물결	1물결	2물결	3물결	
자본 주의	자본주의 1.0 농업기반	자본주의 2.0 기술, 차가운 자본주의	자본주의 3.0 금융기반 냉혹한 자본주의	자본주의 4.0 생명기반 따뜻한 자본주의
플랫폼 발전	물물교환	재래시장, 유통체계 발전	재벌의 온, 오프라인 플랫폼	소비자의 온, 오프라인, 신뢰 자본 플랫폼
마켓 (시장)	마켓 1.0 생산자 주도	마켓 2.0 공급자 주도	마켓 3.0 소개자 주도	마켓 4.0 소비자 주도
소비자	소비자	구소비자	신소비자	DAO 소비자
순환 과정	탄생 발전 희망	발전 극대화 열광	자기모순 인성 파괴	문제극복 인성 회복

근대-현대 사조의 구분

결론적으로 말하면 앞으로 심화되는 양극화의 디지털 경제를 소비자들이 '유토피아로 만들 것인가?, 디스토피아로 만들 것인가?'는 미래시대 시장을 주도할 소비자들의 선택에 달려있다고 해도 과언이 아니다.

'낙타형 소비자, 사자형 소비자'

여기서 소비자의 속성이 변하게 되는 점에 주목할 필요가 있다. 필자는 소비자를 '구소비자와 신소비자'로 구분하고자 한다. 지금 시장에서 소비자가 단순한 구소비자로 남지 않고 신소비자로 이동하기 때문이다. '구소비자'는 개인 혼자 좋은 물건을 싸게 사서 쓰기만 하는, 똑똑하지만 수동적이고 이기적인 소비자를 말한다. 반면에 '신소비자'는 개인 소비력을 여러 사람들과 함께 묶어 큰 교섭력(bargaining power)를 만들어 새로운 시장을 만들어 가는 현명한 소비자들을 말한다. 즉 신소비자는 인터넷 사이버 공간을 적극적으로 활용하여 집단을 형성하며 협력을 통해 경험을 공유하고 수익을 창출할 수 있는, 즉 자신의 수익창출이 가능한 도구를 만드는 현명하고 협력적인 소비자들이다.

이것은 마치 19세기 독일의 철학자 니체가 인간을 '낙타형 인간들'과 '사자형 인간들'의 두 가지 부류로 구분해 설명한 것과 유사하다. 낙타는 불평을 모른다. 주어진 먹이를 먹고 가라는 길을 갈 뿐이다. 이 부류의 사람들은 '삶은 고난'이라고 여기며 지난한 생활에 탈출구란 없다고 믿는다. 남이 하는 말에 전전긍긍하고 자기 머리로 무엇이 가치있고 올바른지 생각하기보다는 자기보다 우월한 자의 말에 맹목적으로 순종한다. 반면에 사자형 인간은 현실 생활 속에서 문제의식을 갖고, 아닌 경우에는 '아니다!'라고 말할 줄 안다. 순종을 강요하는 권위에 맞서 이빨을 드러내며 으르렁거릴 줄도 안다. 이 두 부류의 특성은 구소비자와 신소비자의 특성과 유사하다. 지금은 깨어난 신소비자 중심의 새로운 시장을 육성하는 것이 필요하다. 앞으로의 시장은 지금까지 공급자가 주도하던 시장을 명실공히 소비자가 주도하는 시장으로 만들고 국가도 이것을 지원해야 한다. 여기에는 명분과 실리가 분명하고 가능성도 충분하다.

　여기서 눈을 돌려 국제 경제발전 측면에서 보자. 칼레츠키는 현재까지 미국과 유럽이 신자유주의에서 한발도 나아가지 못하고 있다는 비판과 함께 동아시아에 중국과 일본보다도 한국이 그 같은 대안을 찾을 적임자로 평가했다. 중국은 민주주의가 아니기 때문에 글로벌 체제를 이끌기 어렵고, 일본은 최근 30년간 경제·사회적으로 활력을 잃었기 때문이라는 설명을 덧붙였다.[43]

　이제 한국의 신소비자들은 지금까지 존재하지 않았던 상생과 협력을 기반으로 하는 마켓 4.0의 시장경제를 발전시키고 세계에 전파할 책임이 주어졌다고 볼 수 있다.

　이제 한국에서 돈으로만 휘둘리지 않는 선진화된 신뢰자본 경제 문화가 발전되어 글로벌로 전파됨으로써 새로운 경제질서의 재편이 가능하다는 사례가 점점 나타나고 있다. 블록체인 시대가 되면서 분산자율조직 즉 DAO(Decentralized Autonomous Organization)의 부상이다. 이 개념은 탈중앙화 자율조직을 뜻한다. 즉 특정한 중앙집권 주체의 개입 없이 개인들이 모여 자율적으로 제안과 투표 등의 의사표시를 통해 다수결로 의결을 하고 이를 통해 운용되는 조직이다. 여기서는 참여하는 마큼 소득을 갖게 된다는 개념이 포함된다. 이렇게 성공했거나 도전하고 있는 기업들의 사례는 뒤에서 소개된다.

새로 태어나는 신뢰 자본주의

앞으로 다가올 새로운 사회는 인간 심성을 근본으로 삼는 신뢰가 회복되는 사회라야 한다. 즉 새롭게 진화된 사회에서는 돈보다는 사람 중심의 문화활동이 되어야 한다.

존 퀴긴은 그의 책 『경제학의 5가지 유령들』에서 '경제학자는 불평등을 확대시킨 실패한 아이디어들을 폐기하고, 겸손하게 현실적이며 공평한 아이디어를 지향해야 한다'며 새로운 경제이론과 체계를 다음과 같이 주문하고 있다.

- ㅇ 자본주의 역사를 돌이켜 보면 지속적인 성장은 늘 새로운 시대에 대한 선언이었다. 거시경제학에 보다 근본적이고 새로운 방향이 필요하므로, 죽거나 한물간 아이디어들을 더 많이 폐기해야 한다.
- ㅇ 효율적 시장 가설은 금융규제 철폐, 세계 자본흐름에 대한 제한 철폐, 금융부문의 엄청난 확장을 정당화했고 이를 요구했다.
- ㅇ 이런 발전과정이 결국에는 세계 금융위기를 낳았고, 지금도 전 세계 경제가 그 여파로 어려움을 겪고 있다. 효율적 시장 가설이라는 일종의 독단적 교리를 폐기하면 금융시장의 역할에 대한 보다 합리적인 평가가 가능하다.

- 이런 점을 생각하면, 경제학자들은 이제보다 공평한 소득분배를 내놓을 수 있는 정책들로 관심을 돌려야 한다. 그리고 경제적 의미에서 또 한 번의 새로운 시대가 붕괴한 지금 경제 전문가들은 절대적으로 겸손해져야 한다.
- 좀비 아이디어란 이미 죽었음에도 불구하고 계속해서 되살아나는 이론, 사상, 견해 등을 말한다. 경제학 역사상 최강의 좀비 아이디어는 바로 완전고용과 지속적인 경제성장이 무기한 계속되는 새로운 시대가 도래한다는 발상이다.
- 그리고 이제 경제학자들은 시장과 기업, 그리고 또 다른 경제조직의 강점과 약점을 더 잘 이해하고 경제사회적 성과를 개선시키는 정책을 만들어내는 데 이바지해야 한다.[44]

김중종은 그의 책 『새로운 경제를 열다』에서 "이제 자본주의의 문제점을 보완할 때가 왔다. 자본주의가 자유방임 자본주의와 수정자본주의를 거쳐 현재 논란의 대상이 된 신경제 금융자본주의로 변신을 거듭해 오며 성장통을 거쳤다. 결국 또다른 자본주의의 모습으로 우리에게 다가올 것이다."라고 했는데, 다음과 같은 그의 주장은 따뜻한 자본주의의 또 다른 주장이다.

- 자본주의는 불완전하고 결점이 많은 시스템이지만 인류가 가진 최선의 선택이다.
- 지난 2008년 금융위기는 자본주의에 대한 지나친 맹신에서 비롯된 것이며, 이 경험을 통해 정부도 기업도 모두 틀릴 수 있다는 걸 알게 됐다.

o 동반성장 등 최근 한국식 모델은 장기적인 대규모 투자가 필요한 분야에선 대기업이, 그 밖의 기술 등 혁신은 중소기업이 담당토록 하는 방식을 한국이 정립한다면 장기적인 성장을 선점할 수 있을 것이다.

o 자본주의 시스템이 붕괴 직전의 상황에 있는 이때 민주주의의 장점이 제 역할을 해야 한다. 민주주의가 중재자 구실을 해 민주주의적인 자본주의를 만들어야 한다. 민주주의 덕분에 자본주의는 그 시스템과 제도가 진화할 수 있는 여유를 갖게 된다.[45]

새로운 세기의 가장 큰 특징인 지식사회, 정보화 사회에 있어서는 인간가치, 인간의 창조능력, 지적능력을 최고의 가치로 존중해야 한다. 이러한 점에서 인본 자본주의는 바로 인간의 창조력을 강조하는 문화자본주의라고 할 수 있다. 또한 정부는 조세와 복지정책 등에 의한 소득 재분배를 통해 사회 경제적 약자를 보호하여 사회정의를 실현해야 한다. 정부는 인본 자본주의를 구체적으로 실천하기 위해서 새로운 경제 가치관 정립, 양극화 해소를 통한 선진 복지국가 건설, 사회통합에 의한 국력 결집이 필요하다.[46]

이 모든 것을 종합해 볼 때 한국경제에는 서민경제 자립이라는 시대적 패러다임으로의 전환이 필요하다. 이 시기에 국민의 역량을 하나로 묶어 우리 경제의 선진화에 매진할 수 있는 21세기의 새로운 가치관을 정립해 나가야 한다. 시장의 효율성과 복지 및 문화 정책 등을 통한 인본주의를 동시에 추구하는 인본 자본주의가 21세기 한국 자본주의의 가치관이 되어야 한다. 이제 새로 태어나는 인본 신뢰 자본주의는 따뜻한 생명을 잉태하고 생명이 함께 숨쉬는 제도가 되어야 한다.

제5장

실패했다고
기죽지 말자

흔들리며 피는 꽃

도종환

흔들리지 않고 피는 꽃이 어디 있으랴
이 세상 그 어떤 아름다운 꽃들도
다 흔들리면서 피었나니
흔들리면서 줄기를 곧게 세웠나니
흔들리지 않고 가는 사랑이 어디 있으랴

젖지 않고 피는 꽃이 어디 있으랴
이 세상 그 어떤 빛나는 꽃들도
다 젖으며 젖으며 피었나니
바람과 비에 젖으며 꽃잎 따뜻하게 피웠나니
젖지 않고 가는 삶이 어디 있으랴

제5장

실패했다고 기죽지 말자

1. 실패가 스승이니 박대 말라

우리는 '죽겠다!'는 말을 입에 달고 산다. 우리 서민들 중에 실제로 죽을 만큼 힘든 사람이 얼마나 많은가? 실패를 해 어렵게 살아온 탓일 수도 있고, 성공을 목전에 두고 어려움을 겪을 수도 있다. 그러나 참고 인내하자. 실수는 예방주사를 맞는 것과 같아서 실수를 하지 않는다는 것이 꼭 좋은 것만은 아니다. 크게 성공하려면 실수가 밑바탕이 되는 과정을 겪을 수밖에 없다.

맹자가 이르기를, "하늘은 대임(大任)을 띤 사람의 몸에 큰일을 내리기 전에 그의 심지를 괴롭히고, 살과 뼈를 피곤하게 하며, 신체를 굶주리게 하고, 몸을 궁핍하게 하여 그로 하여금 다른 사람이 할 수 없는 일을 하게 만든다"고 했다. 그렇듯 마음과 의지에 고통을 주는 이유는 그를 격려하고 채찍질하여 어떤 지난한 어려움이나 열악한 상황 속에서도 낙심하거나 뜻을 꺾지 않도록 하려 함이다. 고통 중의 고통을 겪을 만큼 겪어야 비로소 사람 위의 사람이 된다는 말도 있지 않은가.

톨스토이는 "고뇌의 기쁨을 알지 못하는 자는 아직도 참된 예지, 즉 참된 인생을 시작할 수 없는 사람이다. 고뇌는 정신이 발달해 나가는 상태이다. 고뇌 없이는 성장도 불가능하고 인생의 향상도 불가능하다. 인간은 고뇌를 겪으면서 영원으로 가는 것이다."라고 했다.

우리가 힘들어 죽고 싶을 때 다윗 왕의 반지에 얽힌 다음 이야기를 떠올리자.

어느 날 다윗 왕은 궁중 세공인에게 이런 명령을 내렸다.

"나를 위한 아름다운 반지를 하나 만들도록 해라. 반지에는 내가 큰 승리를 거두어 기쁨을 억제하지 못할 때 그것을 차분하게 다스릴 수 있는 글귀가 새겨져야 한다. 또 내가 큰 절망에 빠졌을 때는 용기를 줄 수 있는 내용이어야 한다."

어떤 상황 속에서도 스스로의 마음을 다스릴 수 있는 글귀가 새겨진 반지 하나를 만들 것을 명령한 것이다. 명을 받은 세공인은 지혜로운 솔로몬 왕자를 찾아가서 글귀를 청했다. 그러자 솔로몬이 이렇게 말했다.

"이 글귀를 반지에 넣으시오. 〈이것 또한 지나가리라. Soon it shall also come to pass.〉 승리에 도취한 순간에도 이 글을 보게 되면 왕께서는 자만심을 가라앉힐 수 있을 것이오. 또한 절망 중에도 이 글을 본다면 왕께서는 큰 용기를 얻게 될 것이오."

GM의 발명가인 챨스 캐터링의 다음 말은 실패로 좌절한 사람에게 큰 용기를 준다. "실패는 불명예가 아니다. 실패의 결과를 분석하여 그 원인을 알아내면 된다. 그럴려면 지혜롭게 실패하는 법을 배워야 한다. 실패야말로 세상에서 제일가는 스승이며 가장 아름다운 예술이라 할 수 있다. 누구든 실패하면서 성공에 다가가기 때문이다."

중력을 거슬러 운동을 해야 힘살이 자라나듯 고난도의 일에 도전해야 성공의 기회가 자라난다. 생태계에도 천적을 잃은 생물은 자멸하게 된다. 천적이 있어야 생존하기 위해 발버둥 치고 진화해 갈 수 있다. 위험이 있는 곳에 기회가 있듯이 기회가 있는 곳에는 위험도 있다. 큰 산을 오르려면 반드시 큰 계곡을 넘어가야 하고. 큰 바다에 나갈수록 파도가 거세진다. 큰일을 도모하면서 위험을 맞닥뜨리지 않는 경우는 거의 없다.

바람이 심한 곳에서 자라는 나무라야 뿌리를 땅속 깊이 내려 튼튼하고, 노련한 함장은 심한 풍랑에서 길러지듯 사람은 어려움을 이겨내야 위대한 내공을 다지게 된다. 사람에게서 시련을 극복할 수 있는 능력이 상실된다면 평범함을 뛰어넘을 수 없는 것이다. 기록에 남은 위대한 업적은 가난을 극복하거나 어려움을 이겨낸 고통의 승화라고 할 수 있다.

시련과 고통의 경험을 통해서만이 강한 영혼이 탄생하고, 통찰력이 생기며, 일에 대한 영감이 떠올라 마침내 성공할 수 있다. 그러므로 큰 꿈을 꾸는 것은 곧 큰 위험을 기꺼이 맞이하겠다는 각오를 하는 것과 같다. 인간은 소만큼의 힘도 없고 사자처럼 용맹하지도 못한 한없이 나약한 존재지만, 마음의 결단만 내리면 상상도 할 수 없는 위대함을 창조하는 영물이다.

'오줌 묻은 밥'

'고통이 나에게 다가왔을 때 어떻게 해야 하는가?'에 대해 정목 스님은 '오줌 묻은 밥'이란 글에서 다음과 같이 이야기하고 있다. 옛날 일본에 유명한 선승 스가와라 지호 선사 이야기다.

선사는 열살 무렵에 출가했는데, 출가하고 얼마 안 됐을 때 어떤 마을 신도가 돌아가셔서 그 부인이, "우리 집에 와서 독경 좀 해 주세요" 하고 부탁이 들어왔다. 그래서 일주일마다 그 집에 가서 경을 읽어주게 되었는데, 그 부인이 감기가 걸려서 콜록콜록대고 콧물이 막 뚝뚝 떨어지고 있었다.

부엌에서 밥을 하고 있는데 보니까 그 밥에 콧물이 뚝뚝 떨어지는 것을 곁눈질로 보면서, '저 밥을 나를 주면 어떡하지?' 걱정이 돼서 염불이 입으로 되는지 어디로 되는지 정신이 없었다. 그리고 그 집 아이는 또 빽빽 울어대고 오줌은 싸서 방바닥이 흥건하고⋯ 장난감도 없던 시절이라 아이는 주걱을 가지고 놀고 있었는데 그 주걱이 오줌 속에 빠져 있었다.

얼마 후 밥이 다 되자 부인은 그 주걱을 집어 들더니 오줌을 닦지도 않고 밥그릇에 밥을 퍼 담았다. 밥 위로 콧물을 뚝뚝 떨어뜨리면서⋯ 스님은 도저히 먹을 수가 없었다.

"사실 오늘은 제가 배탈이 나서 먹지 못하고⋯ 죄송합니다!"

스님은 얼른 그 집을 나와 줄행랑을 쳤다. 그리고 그다음 주에 또 독경을 하러 갔는데, 그 부인은 감기가 다 나았는지 머리도 깨끗하게 빗고, 콧물도 흘리지 않았고 애도 오줌도 안 싸고 방긋방긋 잘 웃었다.

'오늘은 밥을 주시면 배불리 먹어야지…'

그런데 독경이 끝나자 부인은 밥대신 단술을 내왔다.

"목마르실 텐데 드세요."

선사는 여러 잔을 받아 마셨다.

"요전에 오셨을 때 밥을 안 드시고 가셨지요? 덕분에 밥이 많이 남아 처치 곤란해서 그것으로 단술을 담갔습니다. 맛이 괜찮다면 더 드세요."

'우웩-! 그렇다면 이 단술은 그때 오줌 묻은 그 밥으로??' 그 말을 듣는 순간 속이 뒤틀렸지만, 이미 때는 늦었다. 지호선사는 후에 큰스님이 되고 법문을 하실 때 다음 이야기를 누누이 했다고 한다.

재난을 만나야 할 때는 재난을 만나는 것이 좋다. 죽어야 할 때는 죽는 것이 좋다. 살아가면서 만나는 경계를 피하려 하지 말고 받아야 한다. 이 골목을 돌아 저 골목에 가면 안 만나겠지… 해봤자 소용없다. 인생을 살아가다가 어려움이 닥쳐올 때, 그 어려움을 피하려고 하지 말고 파도를 타듯이 받아들여야 한다. 어려움과 친구가 되어야 한다. 고통도 나의 벗이 되어줄 수 있다. 여름날 땡볕과 소나기 속에서 곡식이 익어가듯 우리도 고통을 어떻게 받아들이느냐에 따라 나를 성장시키는 기회가 될 수 있다.[47]

우리는 살아가면서 여러 가지로 성공과 실패를 겪고 산다. 그러다 큰 실패가 덮치면 삶은 퍽이나 고달파진다. 하지만 실패는 또다시 좋은 약이 되어 더 큰 성공을 가져다주기도 하고, 삶의 가치를 풍부하게 만드는 비료 역할을 하기도 한다. 그래서 '실패는 성공의 어머니'라는 말이 가슴에 와닿는다. 그렇다면 '성공의 아버지'는 누구일까? 성공의 아버지는 바로 도전이다. 도전을 하면 성공도 하지만 실패도 한다. 성공과 실패는 수레의 양쪽 바퀴이며, 실패는 성공의 선도자이다. 어떤 일을 하다가 실패했다면 이미 당신은 반의 성공을 한 것이라 생각해도 좋다. 우리는 누구나 다 실패를 두려워한다. 그러나 그 두려움 때문에 도전을 하지 않는다면 아무런 희망도, 결과도 기대할 수 없게 된다. 마치 게임에 참가하지 않으면 얻는 결과도 없는 것과 같다.

『해리 포터』의 작가 조앤 롤링의 하버드대 졸업식 축사는 이런 측면에서 의미가 깊다.

"여러분이 하버드 졸업생이라는 사실은 곧 실패에 익숙하지 않다는 뜻이기도 합니다. 하지만 성공에 대한 열망만큼이나 실패에 대한 공포가 당신의 삶을 좌우할 것입니다. 인생에서 몇 번의 실패는 피할 수 없는 것입니다. 실패 없이는 진정한 자신도, 진짜 친구도 결코 알 수 없습니다. 이것을 아는 것이 진정한 재능이고 그 어떤 자격증보다 가치있는 것입니다."

인간 내면의 생명력은 무엇인가

프랑스 사람들이 존경하는 인물들 중에서 일곱번이나 1위를 차지한 분이 삐에르 신부(Abbé Pierre)라는 분인데, 그는 가톨릭 사제 신분으로 레지스탕스와 국회의원이 되고 빈민구호 공동체인 엠마우스 공동체를 설립해 평생 빈민 운동에 힘쓴 분입니다. 그 신부님의 책 "단순한 기쁨"에 나오는 그의 경험담이 있습니다.

한 청년이 자살 직전에 신부님을 찾아왔습니다.

그리고, 그는 자신이 자살할 수밖에 없는 이유를 설명했습니다.

가정적인 문제, 경제의 파탄, 사회적인 지위… 등 모든 상황이 지금 죽을 수밖에 없다고 말했습니다.

신부님은 이 이야기를 다 듣고 나서 깊은 동정과 함께 이렇게 말했습니다.

"충분히 자살할 이유가 있네요.

일이 그렇게 되었으면 살 수가 없겠네요.

자살하십시요.

그런데 죽기 전에 나를 좀 도와주시고, 그리고 나서 죽으면 안되겠습니까?"

"뭐 어차피 죽을 건데 죽기 전에 신부님이 필요하시다면 제가 얼마 동안 신부님을 돕도록 하지요."

청년은 신부님의 요청을 수락했습니다.

그리고 신부님이 하는 일들, 집 없는 사람, 불쌍한 사람들을 위해서 집을 짓고, 먹을 것을 주고, 아픈 사람들을 돌보고, 청소하고… 여러 가지 일들을 옆에서 같이 도와 드렸습니다.

얼마 후에 그 청년은 이렇게 고백했습니다.

"신부님께서 제게 돈을 주었던지, 제가 살 수 있는 집을 그냥 주셨다면 저는 다시 자살을 생각했을 겁니다. 돈은 며칠만 지나면 다 썼을 것이고 집이 있더라도 어차피 이 세상에서 쓸모없는 인간이라고 생각했을 것이니까요…

그런데…

신부님은 제게 아무것도 주지 않았습니다.

오히려 저에게 도움을 요청했습니다.

제가 신부님을 위해 할 수 있는 일이 있다니…

제가 누군가를 도와줄 수 있다니…

신부님과 같이 일하고 섬기면서 제가 살아야 할 이유를 찾았고, 이제 저는 어떻게 하는 것이 행복이라는 것을 알게 되었습니다."

혜민 스님의 『멈추면, 비로소 보이는 것들』에 '존버정신'이란 얘기가 나온다. 혜민 스님이 이외수 선생님께 힘들게 살아가고 있는 젊은이들에게 해주고 싶은 말이 무엇인지 물었다.

"존버정신을 잃지 않으면 됩니다"

"존버정신? 그런데 선생님, 대체 존버정신이 뭐예요?"

"스님, 존버 정신은 존나게 버티는 정신입니다."

그렇다. 힘들고 지칠 땐 이 우스개 소리 같은 명언을 기억하며, 자존심을 주머니에 꾸겨 넣고 버티는 능력도 삶의 한 묘책이 될 수 있다. 라틴어인 '스페로 스페라(spero spera)'라는 말을 건배사로 자주 쓴다고 한다. '숨을 쉬는 한 희망은 있다!'라는 뜻이다. 한번 실패했다고 비관론자가 되어서는 안 된다는 의미다. '비관론자는 모든 기회 속에서 어려움을 찾아내고, 낙관론자는 모든 어려움 속에서 기회를 찾아낸다'는 말이 있다. 그래서 비관론자는 계속 실패하고 낙관론자가 성공하게 되는 것 아닌가? 우리도 "스페로 스페라!"

2. 부채 탕감

부채탕감이란 용어는 일반인들에게 친숙하지 않을뿐더러 쉽게 이해되지 않는 단어다. 그러나 국가 경영이나 사회 안정화를 위해 필요한데, 서민의 약 63% 정도가 빚을 지고 있다. 이 사회적 왜곡현상을 슬기롭게 해결하는 방법은 제도적인 부채탕감이다. 역사 속에서 부채탕감이 어떻게 이뤄졌는지 알아보자.

역사에 기록되어 있는 부채탕감에 대해 데이비드 그레이버는 그의 책 『부채』에서 다음과 같이 쓰고 있다.

바빌론의 금융서판을 깨끗이 지우기 위해 마련된 행사가 봄에 여는 신년축제였다. 바빌론의 통치자들은 '서판을 깨뜨리는 의식', 즉 부채기록을 지우는 의식을 지켜보았다. 자연에 맞춰 사회를 소생시키려는 노력의 하나로 경제적 균형을 회복시키는 행사였다. 그러면 부채의 담보로 잡혀있던 사람들이 풀려나 가족의 품에 안겼다. 다른 채무자들은 땅을 담보로 빌린 돈이 아무리 많이 쌓여 있더라도 그 땅에 대한 경작권을 공짜로 돌려받았다.

그다음 수천 년의 세월을 내려오면서, 이와 똑같은 목록, 말하자면 부채의 탕감과 기록폐기, 토지의 재분배가 모든 지역에서 일어난 농민혁명가들의 대표적인 요구사항이 되었다. 메소포타미아에서는 통치자들이 그러한 개혁을 우주의 부활과 사회적 재창조라는 명분으로 스스로 시행함으로써 소요의 여지를 사전에 막았던 것 같다. 바빌론에선 우주 창조를 재연하는 행사에서 부채탕감이 이뤄졌다. 부채의 죄와 역사는 씻겨지고, 모든 것을 다시 시작할 시간이었다.

또 BC 444년경 페르시아의 느헤미야가 실시한 부채탕감의 예는 같은 책에 다음과 같이 기록되어 있다.

주변의 가난한 농민들이 세금을 내지 못했고, 채권자들은 가난한 사람들의 아이들을 빼앗아 가고 있었다. 그의 대응은 바빌론 스타일의 '깨끗한 서판' 칙령을 내리는 것이었다. 그 법들 중 가장 유명한 것이 '회년법'이다. 7년이 경과되는 회년이 되면 모든 부채는 자동적으로 소멸되고, 채무 때문에 노예가 된 모든 사람들은 석방된다는 법이다. 국내에서는 박정희 대통령이 실시한 농어촌의 부채탕감이 있었다.

내 부채 탕감받기

오늘날 개인 부채는 삶의 여건에 따라 교육비와 생활비, 주택, 재테크 투자 등 우리 생활에서 많은 비중을 차지한다. 따라서 삶의 수지계산을 수입이 있는 시기에 미리 준비하지 않는다면 언제든지 일상의 수입으로 감당하기 어려운 빚의 덫에 걸리는 일이 발생할 수 있다.

심효섭은 그의 책 『마흔, 빚 걱정없이 살고 싶다』에서 다음과 같이 방법을 일러 주고 있다.

만약 감당할 수 없는 채무로 고통받고 있다면 파산과 면책 등 법에 보장된 개인 경제회생 방안을 적극 검토하는 것이 바람직하다. 가까운 미래에 지급 불능이 염려되는 상태라면 시간이 주어진다고 해서 상황이 크게 달라지거나 해결되지는 않는다. 더 이상의 시간 경과가 별다른 의미를 주지 못한다는 뜻이다. 이런 상황이라면 공적 혹은 사적 채무조정 과정을 거치는 방법을 선택하는 것이 현명하다. 대부분 사람들은 채무조정을 권하면 거부하거나 마치 최악의 상황에 다다른 것처럼 자포자기한다. 하지만 채무조정을 올바르게 거치는 것이 빚을 청산하는 좋은 방법이 된다. 개개인에 맞는 채무조정을 선택하여 오랜 시간이 걸리더라도 꾸준히 갚아 나간다면 현재의 빚이 늘어나는 상황을 막을 수 있다.[48)]

채무조정은 은행대출, 신용카드 사용, 사채 등 원인을 불문하고, 금액의 많고 적음도 상관없이, 신용불량자와 연체자 모두 신청이 가능하다. 먼저 전문가와 상의하여 현재의 재무구조 내에서 최대한 노력하되 다른 대안이 없다면 재무상태가 더 악화되지 않도록 적극적으로 파산과 회생, 워크아웃 등을 활용하는 방안을 찾아야 한다. 그러나 채무를 거짓으로 증가시키거나 재산명의를 바꾸는 경우는 면책불허 사유가 된다. 파산 후 면책을 받으면 공무원 신분 유지나 신용카드 발급, 은행대출 등에만 제약을 받을 뿐 다른 금융거래나 경제활동에 대한 제약이 사라지고 그동안의 채무가 탕감된다.

개인 파산면책 안내 지하철 광고

에듀머니의 제윤경 대표는 "빚을 무리해서 갚는 것이 더 문제다."라면서 그녀의 강의를 통해 다음과 같이 그 이유를 설명하고 있다.

채무자들이 가장 두려워하는 것이 연체 기간이 길어지면서 채권추심에 노출되는 것이다. 90일 이상 연체해야만 금융채무 불이행자 등록이 가능해지고 그 이후가 되어야 신청할 수 있었던 워크아웃의 경우 채권 추심을 못 견디고 다른 빚을 추가로 일으켜 기존 빚을 상환하는 악순환이 발생될 수 있다. 어떻게든 빚을 갚아야 하는 것이 당연한 상식이라고 여기겠지만, 객관적으로 갚을 수 없는 상황에서 억지로 빚을 갚는다는 것은 최악의 경우 사금융으로까지 내몰릴 위험을 의미한다. 가장 중요한 것은 현재 보유하고 있는 빚에 대한 냉철한 판단이다. '갚아야 한다'거나 '어떻게든 갚겠다'라는 식의 주관적인 의지와 믿음은 오히려 가계채무의 위험을 극복하고 적절한 처방을 내리는 데 도움이 되지 못한다. 물론 그렇다고 무조건 갚지 않겠다고 마음먹어서도 안 될 것이다.

그러나 파산선고를 신청한다 해도 한동안 은행이나 채권관리단, 대출업체의 독촉 전화와 방문, 심지어 협박과 재판 출두 등 정신적으로 고통스러운 과정을 거쳐야 한다. 그리고 이 제도를 활용하려 해도 역시 적지 않은 돈이 들어간다. 변호사와 관재인 선임비용, 그리고 법원비용이 필요하기 때문이다. 그 외 절차도 복잡하고 기간도 6~12개월은 족히 걸린다. 그래서 지금도 그 문턱을 통과하기가 어렵다. 좀 더 쉽게 파산정리를 할 수 있도록 제도를 보완할 필요가 있다.

저승사자도 무서워할 인생 후반전

인생에 3대 불행이라는 말이 있다. 그것은 '청년의 성공, 중년의 상처(喪妻), 노년의 빈곤'이다. 이 말을 아마도 청년의 성공으로 오만해져 인생을 망치지 말라는 것과, 중년의 상처로 맘 아파하지 않도록 생전에 건강을 잘 챙기라는 뜻일 수 있고, 또 노년에 빈곤을 맞지 않도록 경제관리를 잘하라는 뜻으로 이해하면 좋을 듯하다.

서민에게 산다는 것은 경제불황과 고실업으로 이어지는 고통의 시기라고 볼 수 있다. 저성장과 침체된 경제 속에서 인건비를 줄이기 위한 기계화 등으로 고실업이 지속되면서 서민들에게 점점 더 많은 고통을 안겨주고 있다. 멀지 않은 미래에는 다양한 로봇이 출현하여 인력을 대체한다고 하니 이 실업현상은 더 심화될 것으로 보인다. 결국 대량의 실업이 발생할 수밖에 없기 때문에 경제적 자구책을 젊은 시절부터 철저하게 강구해야 한다. 이제는 나이가 70, 80세가 되어도 자연스럽게 죽을 수 있는 자연사의 권리가 거의 사라지는 초고령화 시대가 되었다. 이에 대비하기 위해 나의 일을 만들어 놓아야 한다. 누구에게나 노년은 온다. 만약 저승사자의 직장에도 퇴직이 있다면 그 또한 노년의 수십 년 생활을 무서워할 것이 틀림없다. 그만큼 젊은 시절의 노년준비는 중요하다. 이를 위해 돈을 모으는 것도 중요하지만 인생의 삶을 계획하는 준비가 우선적으로 필요하다.

필자의 은사 한 분은 그의 정년퇴임식 때 Re-tire를 환륜(換輪)으로 쓰면서 이제 "타이어를 갈아 끼우고 다시 달리겠다"고 말해 또다른 배움을 주었다. 21세기를 살아가는 노인들은 '물러나는 리타이어'가 아니라 '타이어를 갈아 끼우는 리-타이어'가 필요하다. 노후에도 자기 사업을 하며 새롭게 살아가야 하겠다는 발상의 전환이 필요하다. 같은 리타이어지만 맘먹기에 따라 정반대의 방향으로 달리게 되는 것이다. 자기사업을 하라는 것은 인생 전체를 경영할 수 있는 튼튼한 경제기반을 만들기 위해서다. 현직에 있는 사람은 미래의 성장 가능한 분야를 탐색하고 자신의 노하우와 미래 대안을 축적해 놓아야만 명예퇴직이나 감원사태가 와도 당황하지 않게 된다.

노년의 도전

노후대책은 너와 나의 문제를 떠나 우리 앞에 다가선 암벽과도 같은 오늘의 난제다. 뉴스에도 '노후대책 안되면 지옥이다!'라는 타이틀까지 나온다.

어떻게 보면 인류역사는 늘 어려움을 극복하는 과정을 통해 발전해 왔다고 할 수 있다. 그래서 어떤 시인은 '우리 삶에 만일 겨울이 없다면 봄은 그다지 즐겁지 않을 것이고, 만일 우리가 때때로 역경을 경험하지 못한다면 번영은 그리 환영받지 못할 것이다.'라고 실패를 예찬하고 있다. 잘 모르기 때문에 목표를 정하지 못했거나, 실패로 인해 희망을 잃어버렸거나, 이미 모든 것을 날려 버려 절망에 빠져 있거나 등으로 요즘의 우리 생활은 여러 가지로 힘들다.

이제 노인들에게 재기를 위한 결단은 자기 생애의 아름다운 마무리를 위해 필요하다. 그래서 '닳아 없어지는 것이, 녹슬어 없어지는 것보다 낫다'는 말이 마음에 와닿는다. 노년의 성공은 이래서 아름답다. 이러한 아름다운 성공을 한 역사의 노장들을 보면 참으로 다양하다.

성경의 모세는 80세에 하늘의 부름을 받아 민족해방의 일선에 섰다. 철인 플라톤은 50세까지 학생이었다. 르네상스의 거장 미켈란젤로가 시스티나 성당 벽화를 완성한 것은 90세였고, 베르디는 오페라 〈오셀로〉를 80세에 작곡했으며, 〈아베마리아〉를 85세에 작곡했다고 한다. 문호 괴테는 대작 〈파우스트〉를 60세에 시작하여 82세에 마쳤고, 미국의 부호 벤더필트는 70세 때 상업용 수송선 1백 척을 소유했는데, 83세로 죽기까지 13년 동안 1만 척으로 늘렸다고 한다. KFC 할아버지는 1,007번의 좌절과 실패 속에서도 포기하지 않고 1,008번째 도전에 성공했다는데, 그때 그의 나이는 65세로 세계 2만여 개의 점포를 운영했다고 한다.

이러한 예를 보면, '나이를 먹는다고 해서 늙는 것이 아니다. 이상을 잃어버릴 때 우리는 비로소 늙는다.'는 말과, '배우면 80세도 청춘이지만 공부를 놓으면 30대라도 이미 노인이다.'란 말은 평생학습의 중요성을 말해주고 있다. 비록 세월이 우리에게 주름살을 더 늘려주지만, 마음의 열정을 시들게 하지는 못한다. 노년의 배움은 맛있는 묵은김치와 같이 내공의 깊이가 있어 좋다. 어떻게 보면 우리의 삶은 이렇게 많은 시련과 착오를 겪으며 완성된다고 볼 수 있다. 도종환 시인이 읊은 시처럼 우리의 삶은 '흔들리며 피는 꽃'과 같이 시련에 흔들리면서도 다시 피어나야 한다.

3. 용기와 희망의 발전기를 돌려라

우리는 '실패를 해보지 않은 사람은 큰 발전을 할 수 없다'는 것을 글로 알지만 실제는 실패가 두려워 도전하기를 주저한다. 그러나 아인슈타인이 말한 것처럼 '실패를 한 적이 없는 사람은 새로운 것을 전혀 시도해 본 적이 없는 사람'이 된다.

정판교는 『바보경』에서 시도의 미덕을 이렇게 이야기하고 있다.[49]

인생에 있어서 최대의 실패는 시도하지 않는 것이다. 시도하여 가벼운 실패에 직면할 수도 있고, 천추의 한을 남길 실패가 될 수도 있다. 하지만 인류의 진보는 이전의 무수한 희생을 감내한 시도로 이루어진 결과이다. 영웅이 됐든 소시민이 됐든 우리 인간은 시도에 필요한 소질을 갖고 태어났다. 다만 각자 다른 짐을 짊어지고 각기 다른 결과를 얻는 것뿐이다.

재미있는 얘기 한 토막

프랑스의 한 직공이 어느 날 길을 가다가 점쟁이를 발견하고는 그에게 점을 보았다. 점쟁이는 다짜고짜 그에게 "알기나 하시오? 당신은 전생에 나폴레옹이었소!"라고 말했다. 이 말을 들은 그에게 자신이 전생에 나폴레옹이었다면 앞으로 자신이 대단한 인물이 될 수 있을 것이라는 비전이 생겨났다.

집으로 돌아온 그는 당장 하던 일을 그만두었다. 그리고는 나폴레옹에 관련된 책들을 사고, 방 안에는 온통 나폴레옹 사진을 걸어놓고, 나폴레옹의 자서전과 과거의 기록들을 읽기 시작했다. 그는 나폴레옹이 대단한 인물이었던 것처럼 자신도 어떤 어려움이든 극복하고 성공하는 인물이 되어야 한다고 결심했다.

결국 그는 대기업가로 크게 성공하였다. 몇 년 후, 그는 우연히 자신의 전생이 나폴레옹이었다고 말했던 그 점쟁이를 만났다.

"그때 당신은 나의 전생이 나폴레옹이었다는 것을 어떻게 알았소? 나는 지금 성공했고, 무척 행복하오. 당신에게 사례하고 싶소."

그러자 그 점쟁이는 말했다.

"사실대로 말하면, 당신의 전생이 나폴레옹이었는지 아닌지 나도 모릅니다. 단지 그때 당신이 무척 의기소침했고 낙담해 있는 것 같아서 돕고 싶은 마음에 그렇게 말했을 뿐이지요. 나는 아무것도 몰랐어요. 당신의 전생이 무엇이었는지 내가 어떻게 알 수 있겠습니까?"

그제야 그는 자신의 전생이 나폴레옹이든 아니든 그것은 그리 중요한 문제가 아니라는 것을 깨달았다. 왜냐하면 이미 그에게는 일련의 학습기준과 행위규범이 확립되어 있어, 그것들이 성공할 수 있도록 도와주었기 때문이다. 결국 그의 결단과 열정이 그의 에너지 발전기였던 셈이다. 마치 가치철학이 자세를 만들고, 그것이 행동을 낳고, 그 행동이 결과를 만들어 내며, 그것이 당신의 삶을 창조한다는 과정에 따라 그는 성공한 것이다.[50]

깊이 있는 생각을 효율적으로 하기 위해서는 에릭 마이젤의 뇌내폭풍(brainstorm) 기법을 활용하는 방법이 효율적이다. "뇌를 괴롭히면 답이 보인다"라는 부제목이 달린 이 책은 어떤 아이디어를 풍성하게 만들어 한층 더 활기차고 창의적인 사람이 되기 위해 생산적으로 고민하는 습관을 주문하고 있다. 즉 어떤 생각의 씨앗이 보일 경우 온

신경을 곤두세운 채 골똘히 생각하여 깊이 파고들어가는 의미 만들기(making meaning)에 자기의 시간과 노력을 투자하라는 것이다. 이렇게 하는 것을 그는 '생산적 강박관념'이라고 규정했다. 그리고 이 생산적 강박관념의 기준을 되도록이면 높게 설정할 것을 권했다.

돈의 포로가 되지 않으려면

유명한 고대 로마의 퀸투스 호라티우스라는 시인은 "사람들이 나를 보고 비웃을지라도 궤짝에 쌓인 돈을 볼 때, 내 마음은 뿌듯하도다!"라고 돈을 노래했다. 동서고금을 통해 지위 고하를 막론하고 사람들은 모두가 다 돈에 대해 욕심을 내고 또 있으면 행복해하는 것이다. 이렇듯 금전의 효용에 대한 평가는 주의나 사상에도 영향이 없고, 인종이나 국가에도 구애됨이 없이 만인이 모두 돈이면 그만이다.

어려운 돈 문제를 해결하기 위해서 또 돈의 포로가 되지 않으려면 먼저 천의 얼굴을 가진 돈의 괴물같은 속성을 알아야 한다. 돈은 참으로 복잡 미묘한 천의 얼굴을 갖고 있는 요물이지만 동시에 존경스러운 존재다. 돈은 인류의 역사를 뒤흔들고 우리 한사람 한사람과 관계를 다양하게 만드는 능력이 있으니 말이다.

그래서 돈과 국민성을 비교하기도 한다. 프랑스에서는 '돈은 웅변보다 뛰어나다'하고 중국에서는 '돈만 있으면 도깨비에게 맷돌을 돌리게 할 수 있다'고 하는가 하면, 일본에서는 '지옥의 형태도 돈 나름이다', 그리고 한국에서는 '돈이면 죽은 사람도 살릴 수 있다'라고 하니 말이다.

불공정하고 어려운 돈의 경쟁에서 우위를 차지하여 경제적 안정을 추구하려면 금융 교육을 받아야 한다. 금융 교육은 다양한 금융정보를 얻고 이를 금융지식으로 바꾸는 능력을 키워주고 금융지식을 경제활동에 활용할 수 있도록 도와준다. 금융 교육을 받으면 돈의 법칙을 이해하고 위험을 통제할 수 있으며 미래를 예측할 수 있는 안목이 생긴다. 금융 교육을 제대로 이해하려면 로버트 기요사키가 주장하는 '현금 흐름의 4사분면'에 대해 공부하면 많은 도움이 된다. 빚을 내어 어렵게 내 집을 마련하지만 그렇게 마련한 집은 자산이 아니라 부채가 되고 만다는 것 등을 이해하게 되는 것이다.

제6장

경제이념을 바꿔야 하는
이유들

나하나 꽃피어

조동화

나 하나 꽃 피어
풀밭이 달라지겠냐고
말하지 마라.

네가 꽃 피고, 나도 꽃 피면
결국 풀밭이 온통
꽃밭이 되는 것 아니겠느냐.

나 하나 물들어
산이 달라지겠냐고도
말하지 마라.

내가 물들고 너도 물들면
결국 온 산이 활활
타오르는 것 아니겠느냐.

제6장

경제이념을 바꿔야 하는 이유들

1. 자본주의에서 공산주의로 변화

이제 경제적인 큰 흐름을 정리해 보자. 자본주의는 시간이 지남에 따라 여러 가지 형태로 변화해 왔다. 이러한 변화는 시간과 지역에 따라 다양하다. 2차, 3차 산업혁명에 따른 글로벌화로 자본주의는 근본적인 변화를 겪었다. 2차 산업혁명은 증기기관 등을 이용한 동력의 증폭으로 산업 생산성을 크게 향상시켰으며, 기술혁신과 글로벌화로 인해 자본주의는 세계적인 규모로 확장되었다.

19세기 말과 20세기 초에는 자본주의 체제에서의 경제활동이 서민경제의 몰락이라는 비극적인 결과를 초래하였다. 따라서 정부는 규제를 시행하고, 일부 국가에서는 복지국가가 등장하면서 자본주의의 경제활동이 제한되었다. 이러한 자본주의의 타락상은 사회주의와 공산주의 이념을 신봉하는 이론을 만들어 자본주의와 공산주의(사회주의) 간의 대립을 가져왔고, 20세기의 주요한 정치적 쟁점이 되었다.

공산주의(사회주의)는 자본주의의 빈부 불평등, 노동자에 대한 자본가의 착취 등 경제의 불안정성에 대한 대안으로 제시되었다.

그 후 3차 산업혁명에 따른 정보화 사회는 금융이 더욱 중요한 경제요소로 작용하면서 금융자본의 부상을 더욱 가속화시켰다. 금융자본은 이전보다 더욱 규모가 커지고, 기업들의 경영에 큰 영향을 미치게 되었다.

현대에 들어서면서 과학기술의 발전은 기술혁신과 자동화로 이어졌다. 최근 몇십 년간 기술혁신과 자동화는 경제활동에 더욱 큰 영향을 미치며 자본의 소득률을 더욱 높여왔다.

이러한 변화는 기업의 사회적 책임과 인류의 '지속 가능한 발전'에 의문을 대두시켰다. 만약 이렇게 양극화와 서민경제의 몰락이라는 사회문제가 지속된다면 자본주의 자체의 모순과 기업의 사회적 책임, 그리고 지속 가능한 경제성장에 대한 근본적 조치가 필요하게 될 것이다. 기업의 사회적 책임과 지속 가능성은 기업이 이익추구에만 몰두할 것이 아니라, 사회 약자층의 경제적 위기와 과도한 자원사용에 따른 자연환경 파괴를 고려하여 경영해야 한다는 당위성을 부각시켰다.

특히 2020년대 이후 인공지능의 실용화는 모든 경제와 산업활동 속도를 높이게 되면서 사회의 단순한 일자리의 소멸과 전체 산업의 근본적인 변화를 가져오고 있다. 이미 거대자본들이 인공지능을 활용하여 자본확대에 경쟁적으로 뛰어들고 있다. 앞으로는 문서로 규정되어 있는 법률부문의 직업, 지식의 검색부문, 일산의 반복적인 작업기능 등은 물론, 음악작곡이나 시나리오 작성, 그림 그리기 등의 창의영역의 직업까지도 인공지능과 로봇에게 자리를 내 주어야 할 것으로 우려된다. 결국 영화에서와 같이 고도 인공지능 기계 로봇과 새로운 대결을 해야 하는 미래는 누가 책임져야 할까? 그 미래는 그리 멀지 않다. 앞으로 5년? 길어봐야 10년이 되지 않을까?…

2. 글로벌 투기 자본주의

현대의 달러 기반 자본주의는 20세기 후반부터 현재까지 지속되고 있는 경제체제를 말한다. 특히 미국이 금본위제도를 포기한 후 미국을 비롯한 선진국들이 주도적인 역할을 담당하면서 세계적인 규모로 확장된 자본주의이다. 이 체제의 특징은 다음과 같다.

먼저, 자본의 이동이 국가 경계를 넘어 글로벌 차원으로 이동해 자본의 이동성이 매우 높은 특징을 보인다. 이 자본들은 국경을 넘나들며 투자하고, 기업들은 세계적인 시장에서 경쟁하고 있다. 이러한 관계로 자연스럽게 자유무역이 강조된다. 이는 국가 간 무역 장벽이 낮아지면서 국제적으로 물류와 제조 산업의 협력과 효율성을 증가시켰다.

두 번째는 기업의 경영목표가 이익추구에만 집중된다는 것이다. 이는 소비자나 근로자와 같은 다른 이해관계자들의 이익은 철저히 무시한 채 이익 극대화를 위한 경영전략이 기업의 전부가 된 경제 체제이다.

세 번째는 금융자본의 중요성이 부각되면서 금융의 고도화가 최고의 경영가치가 되었다는 것이다. 이러한 금융자본은 글로벌 차원의 경제성장을 추구하면서 후진국의 자원을 '약탈가격'으로 취하는가 하면, 약소국의 국가 금융위기를 쉽게 초래하는 큰 부작용을 낳게 되었다. 금융시장이 국경을 넘어 확장하면서 결국 국가들간의 빈익빈 부익부 현상이 가속된 것이다.

네 번째는 국제적인 규제와 복지국가의 한계에 부딪히게 되었다. 이 체제에서는 국가의 규제와 복지정책이 기업들의 이익추구를 제한할 정도로 강력하지 못하다는 한계를 가져왔다. 기업들은 단순히 자본시장의 이익추구라는 규칙만을 따르게 되는데, 종종 국가는 이 큰 기업들의 이익추구를 지원하게 되는 모순은 악순환의 고리라고 할 수 있다. 재벌이 운영하는 국가가 되어서는 안 된다. 이러한 문제에 대한 대응책은 무엇일까?

3. 텅빈 가슴 서민경제

바람따라 구름따라
흘러온 내 인생길
뒤틀리고 자빠져도
미련없이 살아왔다
움켜쥔 주먹으로
의리에 살고
빈손으로 돌아서는
무정한 거리
외로운 가로등아
너는 아느냐

사나이

텅빈 가슴을

비가 와도 눈이 와도

세월은 무정한데

가진 것은 두 주먹뿐

남자답게 살아왔다

뒷골목 인생이라

비웃지마라

가시밭길 헤쳐가는

사나이 인정

외로운 가로등아

너는 아느냐

사나이

텅빈 가슴을

위에 있는 글은 한국영화 〈장군의 아들, 김두한〉의 주제곡 가사이
다. 이 영화는 1962년에 개봉해 지금까지 60년 이상이 지났는데, 김
두한이 깡패였던 협객 영화로 지금봐도 재미있다. 임권택 감독이 제
작한 이 영화는 한국 전쟁 이후의 혼란스러운 시기를 배경으로 한 작
품으로, 이 시기에 일어난 실제 사건들을 바탕으로 제작되었다고 한
다. 이 영화는 김두한이 깡패 두목으로 활동하면서 일본 식민지 치
하에서 신음하는 한국 상인들을 보호하며 민족정신을 일깨우는 정서
도 담고 있다. 그러나 필자가 이 영화주제곡의 가사를 여기 인용하는

것은 그 분위기가 지금 금융자본주의에서 최고조로 달한 양극화 경제에서 신음하는 서민들의 정서가 이 영화의 어려운 상황과 흡사하게 느껴지기 때문이다.

마지막 구절의 '외로운 가로등아 너는 아느냐 사나이 텅빈 가슴을'이란 구절은 이 시대에 경제적 위기를 벗어날 수 없는 외로운 가장들의 텅빈 마음을 호소하는 듯하여 애잔한 느낌을 준다. 이제는 이런 어려운 경제상황을 어떻게 우리가 극복할 것인가 대안을 모색해야 한다. 그것은 소비자들이 자본에 대한 냉철한 이해와 인식전환으로 시작될 수 있다. 그래서 소비자, 자영사업자, 서민들이 서로를 신뢰하고 서로를 이롭게 한다는 홍익인간의 플랫폼으로 모여 따뜻한 마음을 모아야 한다.

4. 자본주의 400년에서 특이한 이야기들

고전 자본주의란 18세기와 19세기 초기에 유럽에서 발전한 자본주의 경제 모델이다. 이 모델은 경제활동의 근간이 자본과 노동에 의해 결정된다고 본다. 이 자본주의 모델이 현대까지 이어 오면서 산업화와 경제 성장을 이끌었지만, 대략 자본주의 300년의 역사라고 치면 그동안에 많은 위기와 문제를 만들어 왔다.

오늘날 뉴욕을 글로벌 파이넨셜 센터로 만들었던 계기는 1811년에 뉴욕에서 법이 하나 만들어졌던 것에 유래한다고 한다. 그때는 회사를 설립할 때 '무한책임으로 한다'라는 것이 기본가치였다고 한다. 그 당시에 회사를 설립할 때는, 자기가 회사의 주주(이해관계자, 利害關係者,

stakeholder)면 회사의 모든 책임을 져야지 어떻게 자기 자본만 책임지냐는, 즉 경영 전반에 대한 무한책임이 기본 인식이었다고 한다. 이 법을 근거로 뉴욕 투자자들이 자기가 자본을 조금만 투자해도 나는 주주가 되고 망할 염려가 적으니까 뉴욕에다 설립하자는 붐이 일어 뉴욕에 엄청나게 많은 회사가 설립되었다는 것이다. 그 당시에 파이낸셜 센터 설립을 두고 뉴욕과 경쟁하던 도시가 매사추세츠주에 있는 보스턴시였다. 이들은 뉴욕 주법을 보고 '우리는 저렇게 하면 안 되겠다. 우리는 회사를 무한책임 회사로 하는 걸 기본으로 하는 법을 만들자.' 하고 무한책임 방식의 회사설립법을 만들었다. 그 결과로 보스턴이 결국은 뉴욕에게 파이낸셜 센터로서의 지위를 넘겨주게 되었다는 것이다. 이것이 오늘날 뉴욕이 글로벌 금융허브가 된 시초라고 한다.[51]

그러나 오늘날 이 금융허브가 만든 문제는 심한 경제적 불균형인 양극화이다. 1970년대에 등장한 케인스식 경제 모델과 자본주의 이론에 심각한 모순이 형성된 것이다. 특히 정부의 지출증가에 따른 부채증가와 통화공급 증가는 급격한 인플레이션으로 이어지고, 세계적인 코로나 팬데믹은 지금까지 유래없는 거품경제를 만들어 경제위기가 더 커진 것이다.

금융자본주의는 상대적으로 부유한 소수의 자본가들에 의해 지배되며, 이들은 노동자들을 저임금으로 고용하고, 제품 가격을 낮추기 위해 생산 비용을 줄이는 방법을 취해왔다. 이러한 조치로 인해 노동자들은 궁핍하게 되고, 전체시장의 소비력은 감소하게 되었다. 이는 결국 전체시장의 건강한 발전을 저해하게 된 것이다.

또 다른 위기는 환경파괴 문제이다. 고전 자본주의는 환경보호보다는 환경을 개척하고 이용하여 경제성장을 우선시하는 경제 모델이기 때문에, 환경파괴와 오염 문제는 점점 심각해지고, 자원은 고갈되었다. 이러한 환경문제는 결국 기후변화와 환경파괴로 인해 인류의 생존을 직접적으로 위협하고 있다. 이를 해결하기 위해 ESG 등 다양한 시도가 있지만, 아직까지는 '얼어 버린 발등에 오줌싸기' 정도밖에 되지 않는다.

마지막으로, 인공지능, 로봇, 바이오 등 현대 기술의 발전으로 인한 위기도 있다. 소위 4차산업혁명 기반인 기술의 발전은 생산성을 극대화하여 생산 노동자들의 고용을 낮추고, 많은 일자리를 빼앗는 결과를 초래하고 있다.

이러한 위기들은 기본 자본주의를 대체할 새로운 경제 모델을 모색하게 되는 계기가 되고 있다. 이제는 사회적, 환경적, 경제적 요인들을 고려한 모든 분야가 함께 발전하고 상생할 수 있는 지속 가능한 경제 모델을 만들어내야 하는 마지막 단계에 와 있는 것이다.

미국의 고금리 정책의 문제점

게다가 미국이 지금 실행하고 있는 고금리 정책은 다른 나라 경제는 망가지든 말든 자기들만 살겠다는 방식으로 가고 있어 더욱 문제를 확대시키고 있다. 미국의 고금리 정책은 '우리 미국만 살고 다른 나라는 다 죽으라는 심보'라 할 수밖에 없다.

미국이 소위 빅스텝이라는 이름으로 이자를 대폭 올리자 한국을 비롯한 여러 나라에 투자되었던 국제 자본이 썰물 빠지듯 나가서 미국으로 들어갔다. 미국의 고금리는 달러 통화를 인기 있게 만들어 외국인들의 미국으로 투자를 보내게 만들어 이 자본으로 자국 경제를 일으키는 유리한 입장을 만든 것이다. 반대로 다른 나라 경제는 바람 빠진 풍선꼴이 되었다. 그 결과 고금리는 다른 나라들의 경기를 둔화시키고, 소비와 투자를 감소시켜 기업들은 자금 확보에 어려움을 겪게되어 결국 경제성장을 둔화시키는 결과를 낳게 된다.

그리고 고금리는 부동산 대출금리를 상승시켜, 부동산 시장을 위축시킬 수 있다. 이는 부동산 가격 하락과 건설업의 침체를 초래하게 된다.

미국 증권 거래소

이러한 경제의 불안정한 출렁임은 기득권 금융권을 비롯한 거대자본 기업들과 이에 기생하는 정치권과 안정된 공직자들만 더욱 경제적 입지를 공고하게 해 주는 결과를 가져오게 된다. 이렇게 고금리로 기울어진 경제운동장은 빈곤층과 사회적 약자, 소수자들을 더욱 어렵게 만들었다. 고금리는 저소득층의 대출금리를 높여 부담을 더욱 크게 만들고 부채의 부담으로 인한 경제활동 참여의 억제와 가계부채의 증가를 초래하게 된다.

앞으로 각국의 소비 위축, 수입 자제, 무역 감소, 세계 경제 침체라는 악순환에 빠져들게 할 것이다. 팬데믹이 몰고 온 세계 경제침체에 이어 미국 연준 발 경제침체가 예상되고 있다고 전문가들은 경고하고 있다.

특이점, 싱귤래리티가 왔다

인공지능이 인간의 지능을 뛰어넘는 그때를 특이점인 싱귤래리티(singularity)라고 한다. 즉 인공지능(AI)이 인간의 지능을 넘어서는 기점을 의미한다. 전문가들은 인공지능이 비약적인 발전을 거듭하며 인간의 능력을 뛰어넘게 되는 '싱귤래리티'는 결코 먼 미래 일이 아니라고 전망한다. 미국의 수학자 존 폰 노이만, 영국의 컴퓨터 과학자 앨런 튜닝 등이 이 개념을 주창해왔다.

또 다수의 저서를 통해 '싱귤래리티'의 개념을 발전시켜 온 인물은 구글의 기술 부분 이사인 레이먼드 커즈와일이다. 그는 알파고를 만든 구글의 AI 분야에서 고문직을 맡고 있는 미래학자다. 그는 2005년에 발간한 저서 '특이점이 온다'에서 AI가 인간의 지능을 합친 것보다 강력해질 것이라고 예견하며, 그 시점은 2045년경이 될 것으로 전망한 바 있다. 이 시점이 되면 AI가 도출해 낸 결과를 인간이 이해하지 못하게 되고, 이로 인해 AI를 인간이 통제할 수 없게 될 것이라는 주장이었다.[52] 이러한 전문가의 예견은 더 이상 유효하지 않게 되었다. 이미 싱귤래리티가 왔다고 생각되기 때문이다.

이세돌과 바둑을 두어 3:1로 이겼던 알파고는 인공지능의 원조 격이다. 그러나 이제는 우리가 상상할 수도 없는 일이 벌어지고 있다. 예를 들어 보자. 인공지능 전문 연구자 A가 인공지능 B를 만들어 데이터를 입력하고 스스로 딥 러닝을 할 수 있도록 1시간의 학습환경을 조성해 주었다. B는 30분 만에 그 공부를 마치고 다음 단계를 기다리고 있다. 이어 A는 C라는 인공지능에게 B와 같은 인공지능 육성과정을 수행한다. 이제 B도 공부를 마치고 다음 단계 수업을 기다리고 있다. 연구자 A는 호기심이 발동하였다. '내가 B와 C 인공지능을 조정하지 않고, 저 녀석들이 서로 소통하게 하면 어떤 일이 생길까?' 아무도 모르는, 지금까지 한번도 시도되지 않은 단계를 A 연구원은 실험해 보기로 했다. 그리고 B와 C 인공지능의 소통채널을 열어 주었다. 그런데…

B와 C 인공지능은 서로 대화를 시작했다. 그것을 모니터에서 들여다 본 A연구원은 경악했다. 인공지능 B와 C의 소통내용은 A연구원이 알 수 없는 내용이었다. 지금까지 A가 B와 C에게 가르쳐 주었던 코딩이 아니었다. B와 C가 소통하는 언어는 0과 1의 2진법 인공지능 소통 코드였다. 이제는 A가 B, C간의 소통을 알 수도 없고, 더구나 코딩을 해 제어할 수도 없는 상황이 되었다. 이것이 현재 진행되고 있는 인공지능의 상황이다.

이제 우리 인간들은 자동화 사회의 속도와 규칙을 조절해 인간으로서 품격 있는 삶을 보장하기 위한 글로벌 시민들 간의 합의가 근본적인 과제로 부상할 것이다. 인간이 존엄성을 지킬 수 있는 이유는 인간이 기계와 달라서가 아니라, 인간들끼리 서로의 존엄성을 지켜주기로 합의할 수 있기 때문이다. 미래 연구가 단순한 미래기술 전망을 넘어, 문제 해결을 위한 글로벌 컨센서스(consensus)의 구체적 방향을 만들어나가야 하는 이유이기도 하다.[53]

앞으로 인공지능이 우리 일상생활에 기반으로 들어오면서 인간은 점점 인공지능에 의지하며 살게 될 것이지만, 격차가 커지면 지식의 양극화로 인해 경제적 양극화는 더욱 심화될 것이다.

앞으로 오는 재산의 디지털화 혁명

Wells Fargo 보고서(2022.8.)는 앞으로 모든 자산이 디지털 자산(Asset Digitalization)으로 바뀌게 된다고 진단했다. 이 보고서는 '모든 자산의 디지털화'를 지금까지 인류문화에 지대한 영향을 주며 역사의 변곡점을 만들어 왔던 인터넷, 자동차, 그리고 전기와 같은 문명 수준의 혁신(Transformative innovation)과 같다고 주장한다. 실제로 이제는 부동산, 동산, 그림, 책, 음악 등 모든 실물자산이 모두 디지털로 변환되고 있다. 이런 것들을 인터넷에서 거래하기 위해서는 유동성 토큰으로 바꾸어야만 거래가 가능하다. 지금의 인터넷 2세대(web2.0)는 정보, 동영상, 그림 그리고 문서와 문자 등을 보내고 받는 인터넷이지만, 앞으로 오는 인터넷 3세대(web3.0)는 돈, 유동성 그리고 증권 등을 보내고 받는 가치교환의 인터넷이 된다.[54]

미래의 경제조직 DAO

역사적 관점에서 보면, 자본주의 초창기에는 자연인이 경제주체가 되었었다. 그 이후에 효율적인 투자를 위한 장치가 기업을 법인격으로 만든 유한책임회사, 즉 주주 계약에 의한 회사가 오늘날까지 주류를 이루고 있다. 그러면 미래에는 사업조직이 어떤 형태로 진화하게 될까?

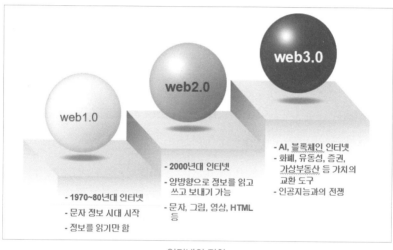

인터넷의 진화

전문가들은 이것을 DAO조직으로 보고 있다. 스마트 계약을 활용한 새로운 형태의 회사를 DAO(Distributed Autonomous Organization)가 될 것이라고 전문가는 말한다. 즉 서류로 계약된 유한책임회사에서 앞으로는 인터넷의 스마트계약에 의한 분산자율조직인 DAO조직이 된다는 것이다. 이 조직에서는 일정한 규칙을 만들고 조직내 투표로 의사결정이 되는 유연한 관계의 경영형태(Flexible relationship / governance /

rule making / voting)가 된다는 것이다.

　앞으로는 개인적으로 계약을 이행할 수 없는 상황이 되어도 사정할 수 없게 되는 것이다. 그야말로 살벌한 기계적인 사회로 더 진입하게 되는 것이다.[55]

이기적 자본 기반 플랫폼의 한계와 대안

　일반적으로 생산성과 권력은 지식과 정보로부터 나온다. 이 두 가지는 모두 새로운 공부가 필요한 신지식산업이다. 그러므로 이것을 함께 학습하고 실물경제와 연결해야 하는데, 이에 적합한 것이 착한 인성 플랫폼이라 할 수 있다.

　2020년 세계 10대 기업 중 7개가 IT기업으로 마이크로소프트, 애플, 아마존, Google, 페이스북, 알리바바, 텐센트 등인데, 이들은 모두 플랫폼 중심의 생태계 위에서 많은 소비자들을 잡아두고 있는 것은 모두 아는 사실이다. 이 기업들은 그들의 기술기반 플랫폼을 통해 전통적 가치사슬 구조를 통합적 기능체계로 묶어내어, 참여자들 간의 소통과 거래를 활성화할 수 있는 기능과 서비스를 제공한다. 사람과 사람, 기계와 사람, 사람과 장소 등 초연결 관계를 통한 다양한 소통과 거래가 거대한 생태계의 구심점 역할을 해서 큰 이익을 창출한다. 그러나 그들의 큰 소득의 극히 작은 일부라도 소비자들에게 보상으로 주는 것은 없다. 그 회사의 주주들이 허용하지 않기 때문이다. 그러므로 이런 기업들은 전통적인 주주 중심의 경영방식을 고수한다. 이러한 거대 플랫폼 회사들이 성장하면 성장할수록 글로벌 차원의 양극화는 더 심화된다. 결국 글로벌 전체 경제의 제로썸 게임이라는 틀에서 볼 때 문제는 더욱 심각해 진다.

예를 들면 각종 응용프로그램 앱을 개발하는 사업자들과 소비자들을 플랫폼으로 끌어들여 잡아두고(rockin) 그 유통시장을 통해 승자독식의 경제체계를 만들어 가는 것이다. 나아가 이런 기업들은 플랫폼에 남아있는 비즈니스 데이터를 분석하고 이를 가공하여 양질의 데이터를 제공하는 빅데이터 사업을 하기도 한다.

이러한 이기적 자본의 문제점은 근본적으로 금융중심 자본주의 정책을 대체할 새로운 경제 모델을 모색하게 되는 계기가 되었다. 이렇게 투기자본 기반 플랫폼의 '나 살고 너 죽자'는 경제이론은 마땅히 바뀌어야 한다. 그 기본 방향은 경제성장을 위한 저금리 정책, 지구환경을 살리는 녹색 경제, 그리고 사회 약자들을 포용할 수 있는 사회경제모델이 되어야 한다.

수직적 관료주의에서 수평적 기업체계로의 전환

초지능 물결의 서곡이라고 할 수 있는 4차산업혁명은 피할 수 없는 앞으로의 변화 방향이다. 잘 알려진 대로 4차산업혁명의 속성은 변화 속도(velocity)가 기하급수적으로 빨라진다는 것과, 그 변화의 범위(scope)가 거의 모든 국가의 모든 산업에 파괴적인 영향력을 미친다는 것이다. 그리고 시스템 영향력(system impact)의 변화 폭과 깊이가 전체 산업체계 즉 생산과 관리 및 지배체계에 근본적 변화를 준다는 것이다.

결과적으로 데이터 처리능력과 저장용량, 그리고 지식 접근성으로 무장한 모바일 기기로 연결된 수십억 명의 사람들이 만들어 내는 가능성은 무궁무진하다. 이러한 가능성은 인공지능, 로보틱스, 사물인터넷, 자율주행차, 3D 프린팅, 나노기술, 생명공학, 재료공학, 에너지 및 양자컴퓨터 같은 분야에서 발생하는 새로운 기술혁신들을 통해 배가 된다.

특히 인공지능과 로봇, 스마트 팩토리와 같은 새로운 기술혁신들이 고용구조에 가져올 큰 변화는 피할 수 없는 대세가 되었다. 정밀의료, 자율주행차, 핀테크 블록체인과 가상/증강현실 등 여러 분야에서 새로운 양질의 일자리들이 계속 만들어지게 될 것이나, 정형화되고 반복적인 직무들은 거의 완벽할 정도로 인공지능과 로봇 시스템으로 대체될 것이다.

그리고 앞으로 IoT 초연결과 승자독식 시장은 더욱 큰 문제를 가져올 것이다. 승자독식 시장으로 가는 주요 원인을 현대원(2021)은 디지털화의 가속과 통신의 눈부신 진화, 그리고 네트워크 연결 효과 때문이라 했다.

그렇다면 이러한 시대적인 변화는 기업에게 어떤 영향을 줄 것인가? 커뮤니케이션의 기술로 인한 Biz분야의 핵심적 변수는 수직적 관료주의에서 수평적 기업체계로의 전환이 필수적이라 할 수 있다. 이 수평적 기업체계가 갖는 7가지 특징은 다음과 같다.

- o 업무가 아닌 프로세스 중심의 조직
- o 얕은 위계질서
- o 팀 매니지먼트
- o 고객만족에 의한 성과측정
- o 팀 성과에 따른 보상
- o 생산자와 소비자의 접촉 극대화

ㅇ 모든 수준의 근로자에 대한 정보 제공과 훈련 등

그것은 기업의 위기인 동시에 기회를 가져다주게 될 것이다. 다만 차이를 어떻게 받아들이고 어떤 변화로 기업이 경영될 것인가를 결정해야 한다. 제대로 적응해가는 기업은 발전할 것이고 그렇지 못한 기업은 사라지게 될 것이다.

미래 기업은 따뜻한 자본주의 경영으로 가야 성공한다

냉혹한 자본주의 경영에 대한 대안이 무엇인지? 그리고 '기울어진 경제운동장은 누가 바꾸어야 하는가?'를 알아보자. 플랫폼 기업의 기반은 거의가 인터넷 기술을 기반으로 하기 때문에 기술적 구조와 체계는 별 차이가 없을 것이라고 보면, 기본적인 경영철학과 시장규모의 차이가 기업성공의 관건이라 할 수 있다.

전통적인 주식투자 기업은 돈만 벌어 주주에게 배당하면 그야말로 성공하는 기업이 된다. 그러나 이것은 반쪽짜리 성공이다.

이에 비해 인성기반의 신뢰자본 투자 기업은 그 사업체가 지향하는 목표가 우선 다르다. 인간중심의 기업을 만든다는 것이 기본철학이다. 물론 사업적인 이익이 창출되어야 하지만, 이것은 후순위로 해야 한다. 이러한 사업모델에 참가하는 이들은 그동안 자본투자 중심의 사업체에서 어떻게 사업이 실패하는지, 근본적인 문제는 무엇인지를 다양한 경험을 통해 잘 알고 있다. 예를 들면 경영자의 부도덕성으로 인해 이익금을 빼돌리고 회사 문을 닫는다든지, 인터넷사이트를 폐쇄하는 것이 더 유리하다고 판단하는 것 등이다.

이렇게 앞으로 다가오는 미래를 대비하여 새로운 기업을 세우는 기틀을 만드는 것은 선각자들의 몫이다. 이 선각자들은 실패의 고통과 인간적인 번민, 과거와 미래를 넘나드는 번뇌의 다양한 경험을 통해 내공이 깊은 전사들이다. 이제 다가오는 신뢰기반 사회에서는 이러한 파이오니어들이 세상을 이끌어 가는 영광을 갖게 되어야 마땅하다.

제7장

한국이 글로벌 경제를
선도하려면

제7장

한국이 글로벌 경제를 선도하려면

1. 정치적 안정성 긴요

한국 경제가 글로벌 경제를 선도하기 위해서는 여러 조건들을 충족해야 한다. 우선 안정적인 정치적 환경이 뒷받침되어야 한다. 우리는 국가부도를 겪고 있는 몇몇 국가들을 알고 있다. 이들의 공통점은 국내 정치가 항상 불안하여 사회안정이 어렵고 인플레이션 정도가 심하다는 것이다. 경제는 안정적인 정치 환경에서 발전할 수 있다는 것을 잘 증명해 주고 있다. 정치적 불확실성이 적은 안정적인 정치 환경을 조성해야 외국인 투자유치와 국내 기업의 투자 활동을 유도할 수 있는 것이다. 정치가 안정되어야 세계적으로 경쟁력 있는 기업을 육성하고 국제시장에서 경쟁력을 유지할 수 있다. 특히, 수출 기업을 지원하고 지속적인 연구 개발을 통해 새로운 시장을 개척해야 한다.

2. 신기술 문명 기반 사업의 실용화

우선 혁신적인 기술발전이 필요하다. 미래의 경제 성장을 이루기 위해서는 새로운 기술과 혁신적인 아이디어를 발굴하고 적극적으로 투자해야 한다. 나아가 이를 지속적으로 유지하고 개선해 나가야 한다. 그리고 경제 발전을 위해서는 사회적 기반시설인 인프라가 필수적이다. 대규모 사업을 위한 충분한 공간과 설비, 빠른 인터넷 회선, 첨단 교통수단과 이를 활용할 수 있는 도로망 등이 그 예이다.

최근 4차산업혁명 시대를 맞이하여 인공지능(AI), 사물인터넷(IoT), 블록체인기술, 빅데이터, 클라우드 등 최신의 첨단기술들이 속속 등장하였다. 이러한 신기술들이 코로나 팬데믹으로 인한 언택트 사회 현상과 맞물려 인류는 각종 정보통신기술(ICT) 산업의 패러다임이 근본적으로 변화하는 디지털 혁명시대에 살게 되었다. 이러한 변화의 물결은 제대로 준비하지 못하는 사람들에게는 위기이지만, 미리 준비하는 사람들에게는 좋은 기회가 된다. 국가 차원에서도 이러한 급속한 변화에 조금만 방심하면 국제경쟁에서 뒤처지게 되지만, 반면에 국가정책 및 지원 시스템을 효율적으로 구축하고, 산업계에서는 연구와 개발 활동을 적극적으로 전개한다면 4차산업의 선도국가로서 자리매김할 수 있을 것이다.

특히 블록체인기술은 향후 제3의 인터넷의 핵심 기반기술로서 미래 산업에서 새로운 부가가치를 창출하는 블루오션이기에 오늘날 세계적인 관심사가 되었다. 블록체인 기술은 인증보안 수단을 비롯하여 금융, 유통, 의료, 교육, 서비스 등의 다양한 분야와 융합하여 모든 산업에 엄청난 영향을 미치고 있다. 2021년 특금법(특정금융거래정보의 보고 및 이용 등에 관한 법률)의 본격적인 시행은 앞으로 제도의 안정적인 정착과 건전한 시장 환경조성에 도움이 될 것이다.

이 분야에 관심을 갖고 있는 정치권은 물론 사업에 참여하고 있는 전문가들도 블록체인기술이 조속히 사회 각 분야에 응용되어 국민들의 삶 전반에 걸쳐 긍정적으로 활용되도록 각고의 노력을 해야 할 것이며, 이러한 노력의 선봉에는 국가 공직자들이 주도적인 역할을 담당해 주어야 할 것이다. 자칫 법질서를 준수하는 업무를 과도하게 적용하여 산업 활성화에 지장을 주어서는 안 될 것이다. 이제는 범국가적 차원에서 블록체인기술의 특징인 탈중앙화, 투명성 및 보안성을 활용하여 사회 각층의 다양한 불평등을 해소하고 공유경제에 의한 부의 형평성을 도모하는 좋은 계기로 삼아야 할 것이다.

특히 인공지능의 고도화와 실용화는 사회전반에 큰 영향을 주게 될 것이다. 앞에서도 언급한 인공지능이 2023년 들어 Chat GPT같은 상품으로 시장에서 활성화되면서 AI에 많은 관심이 집중되고 있다. AI의 출현으로 검색시장의 3%를 차지한다는 MS와 97%를 차지하는 구글도 긴장하고, 자체 인공지능 출시에 적극적으로 나선다고 한다. 이에 대해 우리 소비자들은 어떻게 대처해야 할까?

우리는 지금까지 '인간의 어떤 잠재역량과 덕목이 차별적인 부가가치가 될 수 있고, 그런 부가가치를 창출하기 위해 교육과 노동의 미래는 어떻게 변해야 할까?'라는 것을 고민해왔다. 그러나 이제는 인공지능과 차별성이 있는 사람의 능력, 죽을 때까지 끊임없이 이어지는 학습의 필요가 안정적인 직업과 풍요로운 삶을 담보해 준다는 보장이 있을까에 의문이 생긴다. 타고난 인간의 능력으로 삶을 영위할 대부분 시민의 입장에서 긍정적인 답변이 나오기 어렵게 된 것이다. 이제 우리 모두 멈추고 관성적으로 휩쓸리고 있는 노동 행태와 생산 양식부터 되돌아보며 미래를 바꾸어야 한다. 이렇게 숨 가쁘게 발전해가는 인공지능 플랫폼 현장을 배우고자 하는 독자에게는 아래 미래 인공지능 ChatAny 플랫폼인 Catstar를 소개한다. 링크로 가입해 인공지능 비즈니스 모델의 발전형태를 모니터하며 공부하고, 2025년경 완성될 미래 디지털자산 수입을 예약할 수 있다면 좋겠다.[56] 지금은 어느 인공지능이 성공할 수 있을지 아무도 알 수 없다.

3. 미래 금융 가상자산 산업의 선순환 구조화

가. 코인경제의 발전

아날로그와 중공업 중심의 2~3차 산업시대에는 정부의 민간산업 통제 능력이 앞서갔지만, 디지털 기술발전과 소프트파워 중심의 4차 산업혁명기에 접어들면서 민간산업 발전속도가 정부통제 능력을 앞서고 있다. 특히 디지털 금융경제가[57] 난개발로 번지면서 국가와 사회 공동체 이익과 충돌되는 불합리한 복잡계가 형성되고 있다.

지금 글로벌 디지털 금융의 핫 이슈 현황과 전망을 보면 암호 화폐가 그 중심에 있다. 2009년부터 시작된 비트코인 등 1세대 암호화폐의 금융경제 규모가 주식시장을 상회하고 있다. 특히 기대심리와 착시효과로 2030 청년세대에게 글로벌 차원의 매력적인 투자처가 되어가고 있다. 그러나 각국의 법과 제도가 미비하여 통제권 밖에서 난

개발로 크게 발전하고 있는 상황이다. 이는 신기술 산업 발전과정에 따른 일반적인 이행기적 현상이라고 할 수 있다. 한국은 2023년경 규제제도가 완비되면 1세대 암호화폐의 제도권 진입이 가능할 것으로 예상된다. 그럼 그 방법은 무엇일까?

나. 미래 금융 가상자산 산업의 차기 시나리오

필자가 활동하고 있는 한국블록체인기업진흥협회와 한국블록체인 협·단체 연합회에서는 2021년 11월 26일 다음과 같은 내용의 건의 문을 발표하였다.

ㅇ 정부는 미래 대한민국의 성장동력과 국가경쟁력 확보를 위해 한 국판 뉴딜정책을 강력히 추진하고 있다. 우리는 이 정책이 미래 대한민국의 성장동력 확보와 관련산업 발전에 꼭 필요한 국가 정책이라는 데 동의하며 이에 적극적으로 참여하고 있다.

ㅇ 그러나 현재 추진 중인 한국판 뉴딜정책은 '블록체인혁명'이라는 시대의 큰 흐름이 제대로 반영되지 못하고 있다. 정부 스스로 블 록체인을 '제2의 인터넷'이라 생각한다면 제2의 인터넷 진흥정 책, 즉 블록체인 진흥정책을 과감하게 추진해야 한다. 지난 '인터 넷정보혁명' 시대에서 경험했던 우리의 실패사례와 성공사례를 거울삼아 부족한 정책은 수정, 보완하여 추진하여야 할 것이다.

ㅇ 정부는 우리나라가 인터넷 진흥정책을 통해 세계에서 가장 빠른 인터넷과 스마트폰 보급률 1위를 자랑하는 IT강국이라 이야기 한다. 그러나 엄밀히 분석해보면 대한민국은 IT강국이 아닌 IT 인프라 강국이다. IT강국이란 IT인프라 뿐만 아니라 IT인프라

를 기반으로 한 관련 산업 생태계도 세계 최고의 수준이어야 한다. 그러나 현재 세계 최고의 IT 관련 기업인 페이스북, 구글, 아마존과 같은 그룹들이 우리나라 기업인가? 한번 자문해봤으면 한다. 세계 최고 IT인프라(인터넷) 실현은 성공사례로 평가받지만, IT 관련 산업생태계 육성은 제대로 하지 못한 실패사례로 봐야 한다.

o 과거 실패한 정책을 반면교사로 삼아 제2의 인터넷인 블록체인 산업진흥정책을 강력히 추진해야 한다. 이를 위해 정부는 기반 기술인 블록체인 육성뿐만 아니라, 블록체인 관련 산업생태계 활성화를 추진해야 하며, 그 중심에 가상자산 암호화폐 활성화가 있음을 깊이 인식해야 할 것이다.

o 블록체인 뉴딜정책은 한국판 뉴딜정책에 블록체인 및 암호화폐와의 융합을 의미하는 것으로 블록체인 및 암호화폐 기반 한국판 뉴딜정책을 말하는 것이다. 우리는 정부가 추진하고 있는 한국판 뉴딜정책에 블록체인 산업을 포함하는 정책을 추진해야 한다고 주장한다. 한국판 뉴딜정책의 핵심이 데이터와 AI 경제라면, 블록체인 뉴딜정책은 데이터와 AI 경제를 넘어, 데이터와 AI 경제에 토큰 생태계를 융합해야 한다.

o 이에 국내 블록체인 관련단체 및 학계 등이 중지를 모아 정부에 다음과 같은 의견을 전달하며 정책개선을 촉구한다.

1. 블록체인과 가상자산 암호화폐는 분리할 수 없음을 인식해주길 강력히 촉구한다.

2. 블록체인 육성정책에 암호화폐 육성정책을 포함하는 정책으로

전환해 줄 것을 강력히 촉구한다.

3. 블록체인과 암호화폐 육성을 전담하는 정책지원기관으로 가칭 "블록체인진흥원"의 조속한 설립을 강력히 촉구한다.

4. 암호화폐 및 블록체인 활성화를 위한 법/제도 등 기반조성을 조속히 마련해 줄 것을 강력히 촉구한다.

5. 정치권은 암호화폐 진흥과 규제의 균형잡힌 제도마련과 입법추진을 강력히 요구한다.

6. 한국판 뉴딜정책에 블록체인 뉴딜정책을 융합해 줄 것을 강력히 촉구한다.

다. 한국을 디지털 금융의 중심지로

김형중 고려대 정보보호대학원 특임교수는 '한국을 디지털 월스트리트의 중심에'라는 기고에서 우리나라가 세계적인 금융허브로 자리잡을 수 있도록 하자고 말하면서 우리의 공동 목표를 다음과 같이 제시하고 있다.

17세기 금융의 중심지는 암스테르담이었고, 18세기에는 런던, 20세기에는 뉴욕, 그중에서도 맨해튼의 월스트리트였다. 여기까지는 지폐를 기반으로 하는 아날로그 금융의 역사였다. 21세기는 디지털 화폐를 근간으로 하는 디지털 금융의 시대가 될 것인데, 그 중심이 어디가 될지는 아직 아무도 모른다. 한국이 그 중심에 설 수도 있다. 한국의 정책과 입법은 미래 디지털 월스트리트의 중심이 한국이 되도록 재편되어야 한다.

미국은 달러 패권을 기반으로 20세기 금융의 중심에 우뚝 섰다. 미국은 달러의 금 태환 제도를 포기하고 신용화폐 체제를 확립했다. 비트코인이 출현하면서 디지털 화폐의 시대가 열렸고 달러 패권이 흔들릴 수 있다는 조짐이 보이기 시작했다.

중국이 디지털 위안이라 불리는 CBDC(중앙은행이 발행하는 디지털 화폐)를 발행해서 실용화시험을 마쳤는데 이것을 2022년 베이징 동계올림픽을 계기로 확산시키고 있어 달러의 위상에도 타격을 줄 수 있다. 금융환경이 재편될 수 있음에 우리 모두 주목해야 한다.

그렇다. 이제 한국인들은 미래의 목표를 설정하고 새로운 도전을 하여야 한다. 이것이 이 시대가 한국에게 주는 최고의 '종합세트 선물'이다.

라. 블록체인 3강체계 디지털산업의 단계적 발전 전략

한국이 글로벌 디지털 메타버스 경제와[58] 물리적 지구경제를 연계하여 메타버스 새 세계를 주도하는 지도국으로 부상할 수 있다고 필자는 믿는다. 이와함께 글로벌차원의 ESG경영, 그리고에너지와 환경문제를 수소경제로 이룩할 수 있다면 G3 국가 진입도 가능할 것이다. 이러한 미래 목표를 세우고 그 가능성을 이야기해보자. 2022년 ~2030년경까지 한국정부의 미래 디지털화폐 중심의 금융경제 경영은 어떻게 설계해야 할까?

2020년경부터 활성화되기 시작한 NFT,[59] 메타버스가 1세대 암호화폐와 함께 블록체인 3강체계를 이루고 디지털산업 시장의 시너지를 이루며 발전을 시작하고 있다.

이 또한 신기술 산업특성에 따른 규제가 산업발전의 속도를 따라

가지 못하는 이행기적 징후를 보이고 있다. 앞으로 다가올 2세대 암호화폐 CBDC[60]는 국가가 통제할 수 있는 암호화폐다. CBDC는 각국 정부가 발행하는 암호화폐로 이미 활성화된 비트코인 등의 1세대 암호화폐를 흡수 통합하거나 하위 화폐로 관리할 수는 없겠지만, 국내 규제정책을 통해 큰 영향력을 발휘하게 될 것이라 판단된다. 중국 정부는 이미 2022년 북경 하계올림픽 이후 CBDC 실용화에 들어갔다. 반면에 미국은 종이돈 달러패권 유지에 따른 이익충돌로 늑장 대응 하다가 2022년 3월 9일 바이든 대통령의 긴급 명령으로 대응책에 부심하고 있는 상황이다. 중국이 자국 CBDC를 세계 기축통화화하려는 노력이 미국을 앞서면서 2023년에서 2025년경까지 CBDC 패권전쟁이 본격화될 것이 확실시되고 있다. 2025년 이후 글로벌 기축 CBDC가 결정된다면 중·미 양진영으로 세계 국가들이 양분된 그룹으로 편성될 것이다. 나아가 양대 패권국을 중심으로 메타버스 가상 세계 경제와 실물 지구경제가 연동되는 세계 경제질서 재편이 확실시되고 있다.

미·중패권으로 불안한 세계 지정학적 환경을 G3 국가를 달성한 한국이 평화로운 지구촌 유지에 기여할 수 있을 것이라는 가정은 설득력이 있다.

마. 한국정부의 CBDC 대처 시나리오

우선 암호화폐중심의 금융산업을 육성해야 하는데, 한국정부는 미국 CBDC가 디지털 금융경제의 기축통화가 될 것을 염두에 두고, 2030년경까지의 '디지털 금융 경제 글로벌 전략 로드맵' 설계가 필요하다고 본다. 현재 한국내 암호화 산업을 미래 글로벌 CBDC와 연동되도록 육성해야 혼란과 국민경제 손실, 나아가 투자자들의 피해를 최소화할 수 있을 것이다. 나아가 메타버스 경제를 육성하는 진흥정책도 필요하다. 현재 발흥하는 메타버스 민간경제 역시 향후 글로벌 CBDC통화에 맞도록 육성하여야 할 것이다. 즉 한국정부가 민간 메타버스 산업계를 선도할 수 있는 정책과 로드맵이 필요하다. 이를 위한 실현방안은 우선 미래전략을 실천하는 정부기구 설립이 필요하다. 그런데 현재의 엘리트 공직자 중심의 정부 금융정책은 담당 공직자 그룹의 안위와 이익추구에 맞춰져 있는 것으로 보이기 때문에 이에 대한 새로운 각도의 추진이 필요하다. 이는 2009년 이후 내내 디지털화폐 관련 미래 금융정책이 왜곡되거나 시행착오가 많이 발생되어 왔던 객관적 결과를 보면 명확히 알 수 있다. 이제는 미래도전과 위험을 감당하지 못하는 엘리트 공직자들의 생태적 한계를 극복할 수 있는 방안으로 대통령 직속의 민·관 연합조직이 필요하다. 이 조직은 집단지성의 의사결정 구조 위에서 의사가 결정되도록 하면 민·관 양조직의 장점을 취할 수 있을 것이다.

또한 미국 CBDC를 글로벌 기축통화화하기 위한 연대활동이 필요하다. 한국을 중심으로 구성된 가칭 〈디지털경제 연합 국제기구〉가 연합하여 활동하겠다는 국제신뢰자본력을 피력하면 양국의 이익에 부합되기 때문에 충분히 가능성이 있을 것이다. 이를 지속적으로 추진하기 위해서 〈디지털경제 연합 국제기구〉와 같은 것을 조직하여 운영하는 방안이 강구될 수 있다. 즉 케이팝, 한류를 중심으로 친한국 국가중심의 국가연합기구가 가능할 것이다. 이러한 과정을 통해 한국은 K-Culture 문화와 국제신뢰를 자본으로 G3 국가를 달성할 수 있다고 보는데, 이는 자본주의 100년 역사에서 디지털전환의 효과를 얻을 수 있는 유일한 기회가 될 것이다.

바. 한국정부의 메타버스 대처 시나리오

임혜숙 과기정통부 장관은 "메타버스는 무한한 가능성을 가진 디지털 신대륙으로 누구나 주인공으로 활약하며 꿈을 이룰 수 있으며, 특히, 청년들이 더 많이 도전하고, 더 크게 성장하여 더 넓은 세계로 도약하는 기회의 공간이 될 것"이라며, "이번 전략을 통해 대한민국이 글로벌 메타버스 선도국가로 발돋움할 수 있도록 관계부처와 긴밀히 협력해 산업 생태계 활성화, 인재양성, 전문기업 육성, 규제혁신 등 다양한 지원책들을 착실히 이행해 나가겠다."고 2022.1.21. 보도자료를 통해 밝혔다.

이 자료에 따르면 정부는 '디지털 신대륙, 메타버스로 도약하는 대한민국'을 비전으로, ① 세계적 수준의 메타버스 플랫폼에 도전하고, ② 메타버스 시대에 활약할 주인공을 키우며, ③ 메타버스 산업을 주도할 전문기업을 육성하는 한편, ④ 국민이 공감하는 모범적 메타버스 세상을 여는 등 4대 추진전략과 24개 세부과제를 이행해 나갈 예정이다.[61]

사. 미국과 중국 양대 글로벌 권력의 재편

홍익희 교수는 한 인터넷 방송에서 미국과 중국, 양대 글로벌 권력이 에너지와 군사활동을 중심으로 재편되는 데 대해 다음과 같은 논

대한민국 대전환
한국판뉴딜

 관계부처 합동

디지털 뉴딜 2.0 초연결 신산업 육성
디지털 신대륙, 메타버스로 도약하는 대한민국

목표 2026

글로벌 메타버스 선점	전문가 양성	공급기업 육성	모범사례 발굴
시장점유율 5위	누적 40,000명	220개	누적 50건

전략 1 세계적 수준의 메타버스 플랫폼에 도전하겠습니다!

메타버스 플랫폼 생태계 활성화

▶ 선도형 메타버스 플랫폼 발굴 및 서비스 확산
▶ 메타버스 한류 콘텐츠 제작 지원

메타버스 플랫폼 성장 기반 조성
▶ 메타버스 기술 및 데이터 확보
▶ 디지털 창작물의 안전한 생산·유통

전략 2 메타버스 시대에 활약할 주인공을 키우겠습니다!

메타버스 인재 양성

▶ 메타버스 고급·실무 인재 양성
▶ 메타버스 창작자 성장 지원

메타버스 활용·저변 확대
▶ 메타버스 노마드 업무 환경
▶ 메타버스 인식 확산

전략 3 메타버스 산업을 주도하는 전문기업을 육성하겠습니다!

메타버스 기업 성장 인프라 확충

▶ 초광역권 메타버스 허브
▶ 메타버스 특화시설 연계 지원

METAVERSE

메타버스 기업 경쟁력 강화
▶ 메타버스 스타기업 육성
▶ 글로벌 교류 촉진

전략 4 국민이 공감하는 모범적 메타버스 세상을 열겠습니다!

안전·신뢰 메타버스 환경 조성

▶ 메타버스 윤리 정립
▶ 법제도 정비

메타버스 공동체 가치 실현

▶ 시민 참여형 사회 혁신 지원
▶ 디지털 포용 사회 구현 뒷받침

정부의 메타버스 로드맵

리를 전개하였는데, 아래 그 내용을 소개한다.

　미국에서 세일 가스를 개발하여 그 경제적 가치를 확인한 것은 미국의 국제적 지위에 큰 변화를 가져왔다. 세일 가스로 미국이 석유 수입의 속박에서 자유로워지자 세계 평화유지군이란 명분으로 과거에는 석유자원 본거지인 중동의 석유를 지키기 위해 군대를 파견하고 해상에 항공모함을 배치해 해상수송로를 지켜왔던 부담을 줄이게 되었다. 이는 그동안의 석유 외교 관계를 근본적으로 변화시키는 결과를 가져왔다. 즉 석유가 풍부한 중동이지만, 이제는 그 가치가 낮아졌기 때문에 중동국들과의 관계도 소홀해진 것이다. 이러한 미국의 태도 변화를 보면서 사우디아라비아로서는 미국에 대한 신뢰를 거둘 수밖에 없게 되었다. 이러한 국제관계의 변화는 중국에게 유리하게 작용하였다.

　사우디의 석유회사가 중국의 석유 기업들과 큰 계약들을 체결하면서 경제적으로 중국이 가장 중요한 파트너가 되었다. 나아가 미군이 떠나버린 자리를 군사적으로도 중국이 보호해 주게 되는 관계로 발전한 것이다.

　그래서 월스트리트는 다음과 같이 경고하였다. 사우디가 '이 기회에 중국에 수출하는 석유에 대해서는 위안화를 받겠다.'라고 공식 선언한다면, 그것은 미국 달러화 경제에 심각한 도전이 될 수 있고, 나아가 달러 체제 붕괴에 큰 변수로 작용할 것이라는 것이다. 미국의 오만과 경제, 군사적 실수로 귀결되는 대목이다. 결국은 미국 중심의 경제적 국제그룹이 축소될뿐더러, 그동안 미국을 믿어왔던 유럽이나 우방들에게도 상당부분의 신뢰를 의심받게 된 것이다.[62]

　그리고 약 2년여에 걸친 러시아와 우크라이나 전쟁은 유럽과 미국의 신뢰관계의 시금석이 되는 양상이다. 이 전쟁의 결과에 따라 미국과 러시아 그리고 중국을 중심으로 한 글로벌 블록화경제의 재편이 예상된다. 이러한 지구촌 권력의 재편에 대해 우리나라도 적극적으로 대처해야 할 것이다.

4. ESG 경영 체계 확립

국가와 사회의 지배구조 측면에서 모든 경제 발전은 지속 가능한 방식으로 이루어져야 한다. 환경보호와 자원 절약 등을 고려한 지속 가능한 개발을 추진하고, 이를 위한 적극적인 정책을 시행해야 할 것이다. 특히 기업은 이익추구뿐만 아니라 환경보호, 사회적 가치 등을 유지하고 보호할 수 있도록 제도적인 행정적 규제와 관리도 해야 한다. 이를 위해 환경보호 등의 가치를 중요시하는 기업문화를 만들고 그에 따른 경영전략을 수립하고 실행해야 한다.

ESG는 Environmental, Social, Governance의 약자로, 기업의 환경, 사회, 지배구조 측면에서의 지속 가능한 경영을 의미한다. 이제 ESG 경영 체계를 확립하는 것은 기업이 지속 가능한 경영을 추구하며 미래에도 경쟁력을 유지하기 위해 중요한 과제이다. ESG 경영 체계를 확립하는 것은 기업의 경쟁력과 지속 가능한 발전을 위해 필수적인 과제다.

ESG 경영 체계를 확립하는 데는 다음과 같은 절차가 필요하다.

먼저 기업의 ESG 요소 평가로 ESG 리스크와 기회를 평가해야 한다. 이를 위해서는 전문적인 ESG 평가를 수행하는 기관의 도움이 필요할 수 있다. 두 번째는 ESG 평가결과를 기반으로 기업의 ESG 목표를 달성할 수 있는 전략을 수립하여야 한다. 이를 위해서는 기업의 경영층과 이해관계자들과의 소통이 필요하다.

세 번째는 수립한 전략을 구현하기 위한 조직의 능력과 조직문화를 재정립하여야 한다. 왜냐하면 기존 기업문화로는 새로운 목표달성이 어렵기 때문이다. 이를 위해서는 조직 내부에서의 교육과 커뮤니케이션을 강화하고, 다양한 결과를 공표하고 이에 상응하는 인센티브를 제공할 필요가 있다.

네 번째는 ESG 경영 체계의 성과를 모니터링하고 이를 외부에 보고하거나 홍보하는 것이 필요하다. 여기에는 효과적인 데이터 수집과 분석 시스템을 구축하여야 한다. 당연히 장기적이고 지속적인 노력과 개선을 통해 ESG 경영 체계를 지속 가능하게 유지해 나가야 한다.

나아가 기업의 경제활동으로 인해 발생한 생태계 파괴를 복원해야 할 뿐만 아니라 생태계 보전과 복원을 위한 지속 가능한 개발을 추진하고 이를 위한 적극적인 정책을 시행해야 한다. 그리고 공존 경제는 국제적인 협력을 통해 구현되어야 하기 때문에 국제적인 기준을 만족하는 제품과 서비스를 개발하고, 지속 가능한 개발에 대한 국제적인 협약과 실천에 솔선수범해야 한다. 이를 통해 경제 발전과 환경보호, 사회적 가치 등을 모두 고려한 지속 가능한 개발을 할 수 있을 것이다.

나아가 공존 경제체계를 확립하는 것도 중요한 과제다. 공존 경제는 국민이 다 함께 생존할 수 있는 최소한의 경제활동 보장과 환경보호, 사회적 가치 등을 조화롭게 고려하는 새로운 경제체계를 말한다. 이러한 조건들을 만들기 위해서는 다음과 같은 환경조성이 필요하다.

우선 사회구성원들이 자기의 사회적 책임을 다해야 한다. 예를 들면 기업들은 사회적 책임을 다하기 위하여 자발적으로 사회공헌활동을 전개하고, 사회적 이슈에 대해 적극적으로 대처해야 한다. 기업이 독점적인 시장지배력을 행사하거나, 소비자에 대한 불공정한 판매활동을 하지 않도록 하는 것도 중요하다. 특히 사회적으로 심화된 경제 양극화가 빈자들을 사지로 몰아내는 갑질이나 과도한 이익추구를 하지 않는 기업경영을 제도화하여야 한다. 예를 들면 원칙적으로 노동 시장의 유연성을 높여서 기업이 자유롭게 인력을 조절하고 경영활동을 개선할 수 있도록 해야 하지만, 금융자본주의의 폐해로부터 소비자와 노동자, 회사원들이 최소한의 가정결제를 지킬 수 있는 제도적 장치가 전제되어야 한다. 또 기업이 속한 지역이 지속 가능한 발전을 할 수 있도록 지역사회와 협력하여 경제활동에 참여하는 주체가 다양해질 수 있도록 적극적인 지원을 할 필요가 있다. 이렇게 되면 결과적으로 기업의 생산성을 높이고 경쟁력을 강화할 수 있게 될 것이다.

제8장

신뢰자본은
이렇게 형성된다

두 개의 등불

박노해

나에게는 두 눈이 있다.
하나는 밖을 보고
하나는 안을 보라고

나에게는 두 손이 있다.
한 손은 밥을 벌고
한 손은 기도하라고

나에게는 두 발이 있다.
한 발은 현실을 걷고
한 발은 이상을 걸으라고

오늘 나는 두 개의 등불을 켠다.
하나는 나
하나는 이웃

신뢰자본은 이렇게 형성된다

1. 네 차례의 혁명이 가져온 가치[63]

새로운 도구는 산업을 교체하고, 문화를 교체하며, 결국은 사회 주역들을 교체하여 권력이동으로 이어진다. 이러한 문명이 출현하게 된 것은 인간 심연의 가치와 사회적 배경 등이 원인이다. 코인으로 다가온 암호자산경제(Crypto Asset Economy)를 단순한 기술이나 핀테크의 차원에서 보기보다는 그 등장배경과 내재된 가치, 그리고목표로 하는 있는 철학 등을 먼저 살펴봐야 한다.

1차 산업혁명은 몸으로 하던 일들을 증기기관 같은 기계로 대체하며 인간 노동의 해방을 가져왔다. 2차 산업혁명은 전기의 발명으로 인간생활에 에너지혁명을 가져온 대변혁이라 할 수 있다. 그리고 3차 산업혁명은 컴퓨터의 발명으로 인간의 기억능력과 인지능력의 한계에서 해방된 대사건이다. 이 컴퓨터 관리 시스템은 인간능력으로만 해 오던 사회관리체계를 획기적으로 개선해 주었다. 그러나 인간의 이기적이고 비양심적인 속성을 막아내지는 못했다. 오히려 첨단기술을 이용해서 악한 DNA의 언행은 더 심화되었다. 결국 사람들 간에 '인간은 믿지 못하는 존재'로 굳어졌다. 그 결과 법전과 계약서는 더 두꺼워졌고, 계약을 위반하지 못하게 하는 장치비용은 더 늘어났다.

그러면 4차산업혁명 시대를 통해 인간은 무엇을 얻게 되었나? 블록체인으로 대표되는 4차산업혁명은 '인간신뢰 제로시대'를 마감할 수 있게 되었다고 볼 수 있다.

2. 블록체인의 인문학적 가치

블록체인과 암호화폐는 컴퓨터 기술과 인성을 조합하는 프로그램을 통해 신(新)문명을 만들어 낼 수 있는 도구이다. 암호자산경제는 새로운 유형의 시스템, 응용 프로그램 및 네트워크를 운영하기 위해 인센티브 및 암호화를 사용한다. 그럼 왜 이런 도구가 나올 수밖에 없었는가?

신경제 금융자본주의의 기본은 정보와 기술기반으로 운영되고, 개인과 기업의 경쟁력은 지식의 생산과 처리능력에 따라 결정된다고 할 수 있다. 이러한 현상은 금융시장, 과학기술, 국제교역, 생산과 통신미디어, 고숙련 금융자본과 기술이 세계적으로 연결된 전 지구적 차원의 시대상이다.

이런 환경에서 달러화를 비롯한 각국의 법정화폐 제도에서 일어난 인플레이션은 그들이 '양적완화'라는 고급스런 경제단어로 위장한 혹세무민의 제도로 정착되어 일반 시민은 깨닫기조차 못하게 되었다.

또 경제적 이득 앞에 거짓 언행을 하는 인간의 속성은 인플레이션과 경제 양극화의 긴 역사를 통해 '인간은 신뢰 제로의 사회적 동물'로 전락하였다. 그리고 인간의 힘으로는 참 인간성 회복이 희박해졌다. 그래서 세상을 관리해 주는 새로운 주관자가 나타나 인간 세상의 거짓 언행을 원천 차단하는 기능을 해야 하는 시대가 된 것이다. 이래서 나온 것이 '만인의 정보 공유로 만인이 보증하는 만인의 정직성을 구현하는 도구'가 블록체인이다. 즉 공동보증 공유시스템인 분산형 데이터 저장기술이 출현하게 된 것이다.

그래서 결국 인간 스스로 신뢰를 회복하지 못하고 블록체인이라는 제 3자에게 관리를 받게 된 것이다. 이런 연유로 인간 세상의 관리주체인 주인이 바뀌게 된 것이다. 인간이라는 영혼을 가진 만물의 영장이 인간의 가치와 영혼을 지켜내지 못하고 결국 기계가 앞서가는 결과가 되어 버린 것이다. 인간은 앞으로 이 앞선 기계들을 어떻게 경영해야 할 것인가를 고민해야 한다. 또다시 기계가 인간들 간의 관계를 지배하는 결과를 가져와서는 안 된다. 그렇게 되면 인간은 영혼이 없는 존재가 되거나 아니면 영혼을 지켜낼 수조차 없는 보잘것없는 이기적 동물로 퇴화될 것이다. 이토록 오명을 안게 된 데 대하여 인간은 반성하고 회개하여야 한다.

이제 인간은 거짓으로 언행하던 구시대의 문화를 더 이상 지속할 수 없게 되어 가고 있다. 그것은 블록체인을 기반으로 하는 인터넷 기술로 인해 사회의 제반 거래는 데이터를 조작할 수 없게 되었고, 인간관계는 강제적으로 솔직하게 살 수밖에 없게 되었기 때문이다. 이제 경영자들은 근본적인 틀의 변화를 이해하고 모든 경영시스템을 바른 인성과 선한 심성 체계 위에 다시 세워야 한다.

3. 인간의 인성과 심리 구성

가. 호킨스의 『의식혁명』

윤태익은 그의 책 『유답5』에서 '인간은 다음 세가지 원리에 닿으면 무한한 생명 에너지를 끌어올 수 있다.'고 했다.

- ㅇ 제1원리: 우리 안에는 우주 데이터 베이스로부터 정보를 받는 프로그램이 입력되어 있다.
- ㅇ 제2원리: 지금 내 앞에 있는 모든 결과는 바로 나 자신이 만든 것이다.
- ㅇ 제3원리: 내가 몸을 부딪치며 살아가고 있는 이 세계와 포개진, 그러나 보이지 않는 또 하나의 다른 세계가 있다.

또 하나의 다른 세계란 우리가 생각하고 행동하는 것은 표면적인 일부이고 그 대부분은 표출되지 않고 마음속에 잠재되어있는 무의식적 세계를 말한다. 아래 그림에서 빙산의 일각인 1/8 정도의 의식 세계보다 대부분을 차지하는 7/8인 잠재의식이 더 많은 일을 해낸다고 한다. 그러므로 우리 잠재의식 속에 있는 철학과 가치가 인식을 실천하게 만든다고 할 수 있다.

호킨스는 인간의 생각을 선한 면과 악한 면을 나누어 수치화하였다. 그는 『의식혁명』에서 인간의 생각체계를 알기 쉽게 1000 수준까지 구간으로 구분했는데, 그는 200 수준을 기준으로 악과 선을 구분하는 기준으로 삼았다.

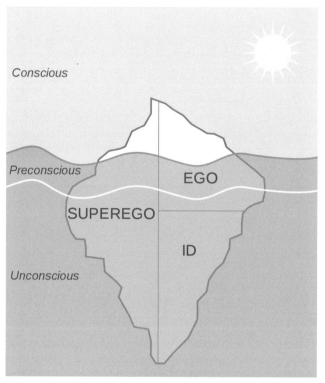

또 하나의 다른 세계, 무의식
자료: https://simple.wikipedia.org/wiki/Id,_ego,_and_super-ego

200 이하로 내려가면 갈수록 바람직한 인간성에서 멀어지고, 200 이상 위쪽으로 올라가면서 선한 인간성 단계를 거치고 점차 신성한 성인의 경지로 올라가는 체계다. 마음의 결정요인이 무엇인지 그의 연구내용을 더 깊이 살펴보자.

다음 표에서 200 수준은 이기주의와 이타주의의 경계라고 할 수 있다. 그는 이 기준을 중심으로 이기심을 중심으로 하는 하층 인간계와 남을 배려하며 협력적인 상위 삶을 사는 상층 인간계로 구분하였다.

의식 수준	인식	행동
700-1000	깨달음	언어이전
600	평화	하나
540	기쁨	감사
500	사랑	존경
400	이성	이해
350	포용	책임감
310	자발성	낙관
250	중립	신뢰
200	용기	긍정
175	자부심	경멸
150	분노	미움
125	욕망	갈망
100	두려움	근심
75	슬픔	비극적 생각
50	무기력	절망
30	죄책감	비난
20	수치심	굴욕

호킨스의 정신적 수준

어찌 보면 일상에 파묻혀 살아가는 생각 없는 군중들은 모두 200 수준이라고 볼 수 있고, 더 내려가면 자기만 아는 극히 이기적인 인간층이라고 볼 수 있다. 200 수준 이상으로 올라가면 상층 지도자층으로 선각자층이 될 것이다. 이들은 사회를 이끌어 가는 정신적 고수라고 할 수 있다. 900에서 1000 수준 부근은 예수와 붓다와 같은 성현들의 가르침이 있는 곳이고 그 아래 600-900 수준은 아인슈타인이나 슈바이처 같은 위대한 인물층으로 구분할 수 있을 것이다. 우리나라에서는 세종대왕이나 이순신 장군같은 위대한 지도자들이나 이태석 신부같은 분들이 여기에 해당된다고 할 수 있을 것이다. 이제 우리는 우리 생각과 마음속에는 있으나 우리 자신이 스스로 자각하지 못하는 200수준 이상의 좋은 면을 좀 더 많이 밖으로 표출하고 행동하면 좋은 결과를 만들어 갈 수 있을 것이다.

나. 따뜻한 마음 경영

미국의 저명한 경영 전문지 〈포브스〉가 각계 전문가를 대상으로 지난 20년 동안 출판된 경영서적 중 가장 영향력 있는 책을 조사, 발표했다. 그 결과 1위를 차지한 것은 바로 톰 피터스와 워터맨의 공저 《초우량 기업의 조건》이었다. 톰 피터스의 처녀작이자 그를 경영 구루의 반열에 올려놓으며 초대형 베스트셀러가 된 이 책은 합리주의

자료: yes24.com

톰 피터스(Tom Peters)
자료: yes24.com

적인 분석에만 빠져 있던 미국 기업들에게 일침을 가하며, 자유, 열정, 실행력, 창조성과 같은 소프트웨어적인 것들이 지닌 가치를 강조한다.

저자들은 『초우량 기업의 조건』에서 '성공한 기업은 엄격히 좌뇌적이고 과학적으로 관리되는 기업들과는 달리 따뜻한 마음을 가지고 있다.'고 했다.

이제는 기업경영도 좌뇌의 냉철한 논리와 분석보다는 소비자들과 소통할 수 있는 '우뇌적 마음의 경영'이 필요하다고 생각된다. 개인이 살아가는데 있어서도 이제는 냉철한 판단보다는 이렇게 마음을 헤아릴 수 있는 따뜻한 마음이 필요하다는 것을 알게 된다. 저자들은 전통적으로 경영에서 중시하는 조직구조, 시스템 같은 hard한 면보다, 가치, 문화, 사람 등의 Soft한 면을 많이 강조하고 있다.[64]

원융회통(圓融會通)이란 말이 있다. 여기서 원은 거대한 순환, 융은 화합, 회는 모임, 통은 의사소통을 뜻하는데, 서로 모여서 소통을 통해 의견이 다른 논쟁을 하나로 소통시켜 서로 조화를 이루는 것이라고 할 수 있다. 우리는 결국 인간적인 판단기준을 접고, 그의 말대로 '동료에 대한 사랑은 우리가 서로에 대한 원한, 복수심, 노여움으로 인한 비난, 두려움, 미움을 그칠 때만 일어날 수 있다.'는 것을 확실하게 이해하고 실천할 필요가 있다. 그렇게 하면 이것을 실천할 때 나 자신의 위대한 인간적 성숙과 큰 가치를 느낄 수 있을 것이다. 부처님 말씀에 '구걸하는 사람을 보고 얼굴을 찡그리면 내 안의 거지를 향해 찡그리는 것이고, 미워하는 사람을 보고 화를 내면 내 안의 미운 사람을 향해 화를 내는 것이다. 그 순간, 내 안에서는 지옥의 문이 열린다. 세상을 향해 미소를 지으면 동시에 내 안의 천상의 문이 열린다.'라고 했다.[65]

맘속 깊은 곳에 숨겨있는 원한으로 인한 피해자도 결국 나 자신이라는 것을 알면 이것을 실천하는 것이 좀 더 쉬워질 수 있을 것이다. 호킨스의 연구결과를 우리 생활 실천과 연결시키면 몇 가지의 결론에 다다를 수 있다.

첫째는 사람의 능력을 강화하는 유일한 길은 우리 마음의 온전성(穩全性)을 이해하고 다른 사람을 돕고 배려하는 연민을 품는 능력을 높이는 것이다. 그는 "인류의 다양한 구성원이 이러한 깨달음에 이를 수 있다면, 인간 사회의 생존과 사회 구성원의 행복은 보장될 수 있다"고 말했다.

둘째, 생각 척도 200 수준은 긍정적인 힘이 나타나는 임계 수준이자 모든 높은 수준을 향한 디딤돌이다. 그러므로 자신의 삶을 진실되게 만드는 시작 척도를 200 이상으로 올리는 것이다.

셋째, 진실을 직시하려는 용기는 결국 생각하는 수준을 올리는 것인데, 350 수준에서는 더욱 큰 힘이 일어나게 됨을 직시하는 것이다. 그 수준이면 '인간사회의 문제 대부분을 해결하기에 충분한 에너지가 있다'고 한다. 이 에너지는 사랑의 수준 500에서 쓸 수 있는 더욱 큰 힘으로 우리를 인도한다.

넷째, 500 수준에서는 자신과 다른 모든 사람들의 인간적 약점에 대한 인식이 용서를 낳고 그 다음에는 연민을 낳는다는 것이다. 연민은 은총에 이르는 문이자 '우리는 누구이며 우리는 왜 여기 있는가?'에 대한 최종적 각성에 이르는 문이다. 그러므로 우리 마음의 온전한 능력의 힘을 끌어내어 갈고 닦고 훈련하는 실천이 필요하다.

인간이 불행해지는 이유

호킨스 박사는 '전 세계인의 삶을 좌지우지하는 중대한 일이 실질적으로는 성공할 수 없는 200 수준 이하의 낮은 수준의 동기요인들에 의해 결정되기 때문에 결국 나쁜 결과만 가져오게 된다'고 했다. 또 '사회의 선택은 대개 편의주의, 통계상의 오류, 정서, 정치적 알력, 대중매체 압력, 혹은 사적인 편견과 기득권의 결과'라고 했다. 그러니까 결국 이러한 과정이 될 수밖에 없는 것은 사람들이 인간의 의식체계의 본성을 잘 모르기 때문에 일어날 수 있다. 그는 '진실과 거짓, 작용하는 것과 작용하지 않는 것, 선의를 가진 것과 악의를 가진 것들을 정확히 구별하는 수단을 손에 쥐고 있다. 우리는 지금까지 간과되어 온 인간행동을 결정하는 숨은 위력인 나쁜 인자의 생각들을 조명할 수 있다'고 한다. 이를 위해 우리가 해야 할 일은 이런 원리를 이해하고 그 나쁜 인자를 밝혀내어 그것을 제대로 제어할 수 있는 능력을 키우는 것이다.

달라이 라마도 "가장 미세한 차원에서 우리의 모든 고통의 뿌리에는 번뇌와 나쁜 충동 그리고 부정적인 생각과 감정이 놓여 있다는 사실입니다. 그러므로 고통의 뿌리가 우리안에 있으며, 행복의 뿌리 역시 우리안에 있다는 것을 가리킵니다. 그러므로 우리의 행, 불행이 결국 자신의 마음을 수련하는 정도에 달렸습니다."라고 말했다.

물론 우리 일반인이 이렇게 높은 경지까지 이르기는 쉽지 않지만,

분명한 것은 불행이나 해악을 가져오는 궁극적인 적은 사실 우리 자신의 내면에 있는 다른 자아라고 할 수 있다. 그런데 이것을 몰아낸다는 것이 쉽지 않은 일이다. 그래서 달라이 라마는 "자신의 내적인 성찰을 통하여 우리는 마음 바탕, 즉 의식의 본질이 중립적이라는 것을 깨닫게 되며, 의식 그 자체는 부정적인 것도 아니고 긍정적인 것도 아니라는 것을 알게 됩니다."라고 했다. 이 말은 결국 우리가 균형이 잡힌 마음의 평균대에서 긍정적인 생각을 갖도록 하는 훈련이 필요하다는 결론을 얻을 수 있다. 우리 마음의 바탕은 중립인 것이다. 우리가 일의 방향을 '좋게 만들어 갈 것인가, 아니면 나쁘게 만들어 갈 것인가'의 선택권을 갖고 있으니, 이젠 다 같이 선한 방향으로 협력한다면 거짓이 우리를 불행하게 만들지 못하게 할 수 있을 것이다.

다. 마음속에 자라는 잡초 없애기

한 철학자가 오랫동안 가르쳐 온 제자들을 떠나보내며 마지막 수업을 하기로 했다. 그는 제자들을 데리고 들판으로 나가 빙 둘러앉았다. 철학자는 제자들에게 물었다.

"우리가 앉아 있는 이 들판에 잡초가 가득하다. 어떻게 하면 잡초를 모두 없앨 수 있느냐?"

제자들은 학식이 뛰어났지만 한 번도 이런 문제에 대해 생각해 보지 않았다. 그들은 모두 건성으로 대답했다.

"삽으로 땅을 갈아엎으면 됩니다."

"불로 태워 버리면 좋을 것 같습니다."

"뿌리째 뽑아 버리면 됩니다."

철학자는 제자들의 대답에 고개를 끄덕이고는 자리에서 일어나 말했다.

"이것은 마지막 수업이다. 모두 집으로 돌아가서 자신이 말한 대로 마음속의 잡초를 없애 보거라. 만약 잡초를 없애지 못했다면, 일 년 뒤에 다시 이 자리에서 만나기로 하자."

일 년 뒤, 제자들은 무성하게 자란 마음속 잡초 때문에 고민하다 다시 그곳으로 모였다. 그런데 예전에 잡초로 가득했던 들판은 곡식이 가득한 밭으로 바뀌어 있었다. 스승의 모습은 보이지 않았고 이런 글귀가 적힌 팻말 하나만 꽂혀 있었다.

"들판의 잡초를 없애는 방법은 딱 한 가지뿐이다. 바로 그 자리에 곡식을 심는 것이다. 마찬가지로 마음속에 자라는 잡초는 선한 마음으로 어떤 일을 실천할 때 뽑아낼 수 있다."

4. 기업성공을 위한 경영 요소의 변화

아담 스미스는 상인과 제조업자가 아닌 평범한 국민이 부자가 되어야 나라가 부강해진다고 주장했다. 당시에는 자본주의 초기였기 때문에 부자나 권력자가 아니면 상인이나 제조업자가 될 수 없었다. 아담 스미스나 공자는 서민을 중심으로 한 인본주의자이면서 민본주의자였기 때문에 지배층이 아닌 일반 국민을 위한 경제론을 갖고 있었던 것이다. 그래서 이러한 서민중심의 사상은 오늘날의 금융자본주의 체제 아래서도 중요한 방향성을 지니고 있다. 시장 만능주의나 국가 만능주의에 대한 경제를 협동의 경제학에선 다음과 같이 비판

하고 있다.[66)

　신자유주의는 시장원리 하나로 모든 문제를 해결하려 했다. 1980년대부터 유행한 규제 완화, 민영화가 바로 그것이고 결과는 현재의 세계경제 위기다. 그동안 인간의 본성을 무시하고 하나의 틀로 모든 사회를 재단하려 했던 시장 만능주의나 국가 만능주의는 실패했다.

　인간의 이기심과 시장의 효율성 가정하에서 주류경제학은 개인의 이익추구가 사회 전체의 이익 극대화로 이어진다고 믿는다. 주류경제학에서 시장의 핵심은 가격이요, 경쟁이다. 시장경제는 경쟁의 원리를 통해서 효율성이라는 목표를 추구한다. 실로 시장경제는 엄청난 생산력 발전을 가져왔다. 시장경제에 기반을 둔 주류경제학은 이제까지 우리 주변에서 가장 흔하고도 유일한 체제인 것처럼 여겨졌으며, 가장 강력하게 작동해온 체제다. 그 비결은 인간관계를 단순화하는 데 있다. 가격에 의한 개인행동의 조정은 경쟁이라는 메커니즘을 통해 부의 축적이라는 강력한 동기를 유발시켰고 그 결과 비약적인 생산력 발전을 꾀할 수 있었다.

　하지만 현실 주류경제학은 경쟁을 지나치게 강조해 오늘날의 경영학은 경영기술에만 함몰되어 인간마저도 생산성 향상을 위한 수단으로 간주하여 인간관계의 단순화, 사회의 왜소화, 자연 파괴를 불러왔다. 인간의 본성은 복잡하므로 하나의 틀에 입각한 경제학보다는 신뢰와 협동을 기반으로 하는 협동경제학인 사회적 경제, 공공경제, 생태경제의 다양한 원리들의 조화가 필요하다.

　또한 인간은 합리적이고 시장은 효율적이라는 주류경제학의 가정은 비현실적이다. 따라서 지금 우리에게는 다른 경제학이 필요하다.

시장 중심의 주류경제학을 적용했을 때 설명되지 않고 해결되지 않는 문제들이 있다면 이제는 그와 다른 원리로 접근해야 한다. 경제는 시장이 아니다. 경제학에는 시장경제만 있는 것도 아니다. 인간의 이기심과 시장의 효율성이라는 주류경제학의 가정을 벗어나서 존재하는 경제가 있다.[67]

박대석 한경닷컴 더 라이피스트는 그의 칼럼 〈'돈' 너머에는 '무엇'이 있는가〉에서 다음과 같이 말했다.

앞으로 심각한 문제는 일에 담겨있는 인간의 '권위'도 AI와 로봇으로 전가된다는 데 있다. 인간 삶에 대한 결정권이다. 상상하기조차 싫지만 현실로 다가올 가능성이 매우 높다.

아무튼 인류는 자유주의, 공산주의, 파시즘 등 3가지 모델을 실험하고 시행하려고 1세기에 걸쳐 끔찍한 전쟁과 혁명을 치러야 했다. 그러나 21세기 인지능력까지 대체하는 AI 등 '정보기술'과 유전자 조작까지 가능한 '생명기술'의 발전과 결합으로 향후 일어날 문제를 상상하면 지난 전쟁 등은 애교 수준이다.

과연 인간이라는 존재와 다른 동물, 생물과 다른 점이 무엇인지, 인간은 어떻게 해야 하는지 근원적 질문에 봉착하게 된다. 다행히 우리에게는 '홍익인간'이 있다. 무생물까지 널리 이롭게 하라는 인류를 포함한 지구와 우주를 동일체 이념과 사상은 지금 우리가 하는 일 가야할 길을 보여준다. 다만 홍익인간은 현대화한 텍스트가 없다. 아리송한 구호만 있다.

개인의 행복, 자유를 위한 경제, 정치 등 인류의 모든 고민은 결국 자유민주주의, 공산주의, 파시즘, 자본주의 등을 거쳐 결국 홍익인간으로 귀결될 수밖에 없다. 그 중심에는 당연히 한국이다. 우리는 이미 5천 년 전 홍익인간을 실험하고 실천했다.

한국인이 누구인지 홍익인간이 무엇인지, 어디로 가야 하는지 지식인을 포함한 언론과 범정부적으로 연구하고 공감대를 가져야 한다. 홍익인간 현대화 교본을 함께 만들어야 한다. 태교, 가정, 학교, 사회, 기업, 정부 등 실생활과 사회 및 국가활동에서 홍익인간을 어떻게 실천해야 하는지 만들어야 한다. 여기에 한국인은 물론이고 세계인, 지구의 미래가 있다.[68]

5. 협동의 경제학

협동과 나눔에 대한 경제를 정태인, 이수연 저자들은 『협동의 경제학』에서 다음과 같이 말하고 있다.

우리는 시장 만능주의와 국가 만능주의를 극복하기 위해서 시장경제, 공공경제, 사회적 경제, 생태경제의 다양한 원리들이 조화를 이룰 수 있도록 해야 한다. 주류경제학과 달리 신뢰와 협동을 기반으로 한 협동의 경제학에는 각각 연대와 평등 그리고 환경보호를 추구하는 사회적 경제, 공공경제, 생태경제가 있다.

다양한 이유로 인류는 이미 오래전부터 협동하며 살아왔다. 단지 자본주의가 등장하면서 협동이 아닌 경쟁이 강요되었을 뿐이다. 이제 다시 적절한 제도와 사회규범을 통해 협동하는 사회로 만들어야 한다. 협동의 전제 조건은 신뢰다. 내가 협동하면 상대방도 협동할 것이라는 믿음이 존재해야 한다. 이처럼 신뢰와 협동을 기반으로 한 경제학, 이를 주류경제학과 구분하여 협동의 경제학이라고 한다.

우리 현실에서 협동의 경제학은 사회적 경제, 공공경제, 생태경제의 세 가지 체제로 존재한다. 먼저 사회적 경제는 시장경제의 수익 극대화 논리에서 벗어나 개인들 간의 자유로운 공동체가 연대라는 가치의 실현을 꾀하는 경제다. 사회적 경제는 인류의 탄생과 함께 시작된 영역이라고 볼 수 있다. 인간은 스스로를 위험에서 보호하기 위해서 협동했다. 어느 원시 부족이 지니고 있던 식량 공유의 습관도 바로 사회적 경제에 속한다. 현대에서는 수익성과 함께 사회적 연대를 추구하는 협동조합이나 사회적 기업이 대표적인 사회적 경제다. 사회적 경제는 상호성의 원리를 통해서 연대라는 목표를 추구한다.

그리고 공공경제는 정의론에 입각해서 공공성의 범위와 내용에 먼저 합의하고 이를 주로 국가의 재분배 정책을 통해 실현하는 경제다. 이때는 평등이라는 가치에 초점이 맞춰진다. 공공경제는 공공성이 무엇으로 이를 어떻게 실현할 것인가를 다룬다.[69]

동행과 나눔의 기술

금융위기와 IMF 경제난을 겪으면서 이어진 2000년대 이후 경제는 활성화되지 못하고 2015년 이후에도 장기 침체를 걱정하는 추세다. 그래서 『2012 메가트렌드 인 코리아』 저자는 '자본주의 모순이 폭발하면서 전 세계로 번져나간 소요 사태들에는 네 가지 특징이 있다. 금융자본주의로 인한 빈부 격차에 청년 실업 문제까지 가세하면서 폭발했고 SNS가 그 수단이 되었으며 지지 여론 형성이 신속했다는 점이다. 여러 현상과 만나 한국 사회는 폭동이 일어날지도 모른다는 위기

감에 직면해 있다.' 빈부격차와 경기침체, 금융경제의 난맥상 등으로 서민들은 그야말로 '폭발 직전의 사회적 갈등'의 가운데 있는 것이다.

그렇다면 이 위기에서의 탈출기술은 무엇이 되어야 하는가? 저자는 '이 갈등을 해결할 수 있는 트렌드는 바로 협력 즉, 동행이다. 한국의 메가트렌드는 폭발 직전의 사회적 갈등을 해결하기 위해 동행의 기술을 익히는 것이다.'라고 말하고 있다.

동행이라는 하나의 사회적 필요를 기술이라고까지 표현하고 있는 것이다. 동행에는 다양한 분야가 있게 되는데, 예를 들면 빈부간의 동행, 기성세대와 젊은 세대의 동행, 사회적 강자와 약자의 동행 등이다. 앞으로 우리 사회의 지속 가능성은 동행에 달려있다고 해도 과언이 아니다. 그렇기 때문에 동행은 이 시대의 메인트렌드가 되어야 한다.

각자가 가진 다양한 능력을 한데 모은다는 의미의 동행은 혼자서 해결하기 어려운 문제에 직면했을 때 그 진가가 발휘된다. 이를 성공적으로 모아 힘을 발휘하게 하기위해서는 다함께 협력할 수 있는 철학과 가치를 공유해야 하고 이를 만들어 내기 위해서는 교육과 소통이 필수적이다. 이를 좀더 구체적으로 추진하기 위해서는 세부적인 동행 규범과 방법이 필요하다.

요즘처럼 복잡한 세상의 문제들의 해결 방식으로는 지적 협력 즉, 지적 동행이 적합하다. 각각의 집단들이 협력하는 집단협력 모델, 혁신을 아웃소싱 즉, 외부 협력자를 활용해서 하는 개방형 혁신, 각각 다른 분야의 사람 또는 기업이 협력하는 콜라보레이션, 공동 사업을 위해 협력하는 동업, 사람들의 지식, 지혜를 수집해 활용하는 집단지성, 타인과 협력하기 위해 필수적인 신뢰확충이 그것이다.[70]

6. 신뢰자본의 중요성

사회문화적 가치 영역에서의 메가트렌드는 환경, 윤리, 신뢰자본이다. 환경과 윤리는 모든 것을 친환경으로 바꾸고 있다. 특히, 치유와 농업분야에서 중요한 화두다. 신뢰는 국가와 기업이 성장을 지속하는 데 꼭 필요한 요소가 되고 있다.

금융위기 이후 기업에 대한 신뢰도 급락했다. 이를 만회하기 위한 것이 신뢰 경제이다. 여기서 이기려면 장기간 진정성을 보이는 한편, 신뢰를 얻기 위한 방법을 꾸준히 탐색해야 할 것이다. 부익부 빈익빈의 결과를 가져오는 기업경영은 신뢰자본을 쌓지 못한다. 소비자의 신뢰를 얻은 기업으로 더 많은 소비자들이 몰려들 것이기 때문이다.

가. 경영책임자의 인성과 철학 요소들

농부가 황무지를 개간해서 논을 만들었다. 그는 볍씨를 뿌리고 거름을 주며 정성을 들여 농사를 지었더니 가을에 풍성한 결실을 맺었다.

그런데 농부는 이상한 생각이 들었다. 글쎄 농부의 논 바로 아래 있는 이웃의 논에도 풍년이 들었기 때문이다. 사실 이 이웃의 논은 자신보다도 늦게 개간했으며, 주인이 그렇게 열심히 농사를 지은 것도 아니었기 때문이다. 농부는 곰곰이 생각했다. 그리고 한 가지 결론을 내렸다.

"분명 내 논에 있는 기름진 물이 아래로 내려간 덕분일 거야."

농부는 자신의 논에 있는 영양가 있는 물이 그 논으로 흘러 들어가는 게 몹시 아까웠다. 그래서 그는 겨우내 논에서 작업을 했다. 물 한

방울도 이웃의 논으로 새나가지 않도록 막아버렸다.

다음 해에도 그는 농사를 지었다. 그가 처음에 생각한 것처럼 자신의 논의 벼들은 쑥쑥 자랐다. 하지만 여름이 지나기도 전에 농부의 논에 고인 물이 나가지 못해 썩기 시작했고, 결국 벼들도 볍씨 하나 맺지 못하고 썩어버렸다.

서로 나눔은 모든 행복의 근원이다. 사람은 각자 가진 것이 다르다. 어떤 사람은 재산을 많이 가졌고, 어떤 이는 지식과 지혜를 많이 가졌고, 또 어떤 사람은 재산이나 지식은 없어도 우리 인간에게 꼭 필요한 남을 사랑할 줄 아는 마음을 가지고 있다. 무엇이든지 가지고만 있으면 그것은 아무런 쓸모가 없는 것이다.

재물을 나누는 것은 조금 나누는 것이고, 지식과 지혜를 나누는 것은 많이 나누는 것이며, 서로 배려하고 사랑을 나누는 것은 전부 나누는 것이라는 말이 있다. 진정한 행복이란 나누어 줄 때 느끼는 것이며 그중에서 제일은 사랑을 나누는 것이다.

꿈, 목표, 포부를 이루려면 우리는 어떻게 하면 될까? 더 오래 일하거나 상황이 나아지질 마냥 기다려서는 안 된다. 내가 지금 도달하고 싶은 곳, 내가 있어야 하는 곳을 가로막는 장벽인 『성장의 장벽』을 넘어설 방법을 찾아야 성장할 수 있다. 당신의 꿈을 위해 성장에 필요한 의도성의 법칙을 적용해야 한다. 성장을 가로막는 장벽인 추측, 지식, 시간, 실수, 완벽, 영감, 비교, 기대의 장벽의 정체를 알아내고 전략을 세워 실행하면 장벽을 무너뜨릴 수 있다. 자신에게 영향을 미치는 각각의 장벽을 넘을 수 있는 구체적인 계획을 세우고 바로 실행에 들어가야 한다. 성장목표를 갖는 것은 빠르면 빠를수록 좋다. 목표를 가지면 더 빨리 성장할 수 있기 때문이다. 지금 나에게 중대한 질문을 던지고 바로 지금 실천해야 한다.

내가 바라는 리더가 되려면 나에게 본보기가 되고 배울 점이 있는 사람을 찾아야 한다. 이것은 본보기의 법칙인데 좋은 멘토를 모범 삼아 좋은 영향을 받아 들여야 한다. 좋은 멘토는 언행일치가 되는 모범이 있어야 좋다. 아이들에게 건강에 좋지 않은 사탕을 많이 먹으면 안 된다고 도움말을 줄 때, 이 말을 하는 멘토 역시 사탕을 많이 먹지 말아야 한다.

멘티는 멘토의 경험을 받아들이고 멘토와 좋은 관계를 유지해야 한다. 나아가 다른 사람의 가치를 높이기 위해 의도적으로 노력해야 한다. 다른 사람에게 삶의 주도권을 내주지 않고 성공을 위해 자기 계발에 집중해야 한다.[71] 당신 안에 감춰 둔 잠재력을 깨워 당신뿐만이 아닌 더 많은 사람들과 함께 행복한 세상을 만들어 가야 한다.

　나. 우리가 만들어 갈 미래

이 시대의 숨어 있는 자원 중의 하나가 '신뢰와 사랑'이라는 인적관계 자원이다. 이 자원을 발굴하여 개발하면 인류문명의 가치는 엄청나게 커질 수 있다. 이것은 곧 인간성의 완성이며 인류가 한층 더 영적인 존재로 도약할 수 있는 발판이 될 수 있다.

20여 년에 걸쳐 『고도로 경쟁적인 세상에서 협력이 발생할 수 있는 다양한 방식들』을 연구한 노왁의 연구결과는 우리 인간이 협력할 수 있는 지상의 유일한 종, 즉 초협력자임을 다음과 같이 증명해 주고 있다.

그는 '협력은 언어, 도덕, 종교, 민주주의 등 우리가 지닌 고도로 복잡한 사회적 행동을 창의적으로 발전시킨 진화의 가장 큰 힘이며, 우리는 그 어떤 지구상의 생명체보다도 이 협력의 능력을 잘 활용할 줄 아는 존재. 협력의 다섯 가지 요소를 인식하고 협력하는 능력을 다시금 다듬고 확장한다면 무한경쟁과 이전투구, 승자독식으로 위기를 맞이한 오늘날의 인류사회를 새롭게 변화시키고 결국 우리 모두가 승자가 될 수 있을 것이다.'라고 주장하였다.

그는 행동과학이 더 나은 세상을 위한 좋은 도구가 되어 우리의 경쟁적이고 이기적인 자세를 협력적이고 자애적이며 서로 나누는 자세로 바꾸어 나갈 수 있으며, 공동체 사회를 위한 사회적 변화는 각 개인의 변화를 동반하는 것이라 생각하였다. 다만 우리의 정신과 마음이 먼저 바뀌어야 한다는 전제 조건으로 … 이 전제조건이 이루어지지 않는다면 새로운 천년이 와도 달라질 것은 아무것도 없을 것이다. 협력과 배려가 주는 효과를 충분히 거두려면 기업이나 공동체에서는 협력이 지속적으로 일어날 수 있는 환경과 제도를 만들어야 한다. 그리고 협력이 보다 길게 지속될 수 있도록 우리가 스스로 생활속에 그러한 행동을 실천해야 한다.

다른 사람들을 배려할 줄 아는 마음가짐, 다른 사람들의 문제를 함께 고민하는 것, 그리고 미워하는 마음을 줄이려고 노력하는 것이 기본 덕목이라 생각된다. 이것이 오늘날 인류가 맞닥뜨린 '지구촌의 숙제'라 할 수 있는 기후변화, 자연공해, 자원 고갈, 빈곤과 기아, 그리고 인구과밀과 같은 지구적 문제를 해결하여 행복한 삶이 지속되는 지구촌을 만들 수 있는 열쇠라고 할 수 있다.

우리도 각자의 사업장을 중심으로 개개인의 가슴속에 숨어 있는 배려와 협력의 잠재력을 최대한 발휘하여 새로운 시장을 창조하여야 한다. 이렇게 하면 지속 가능한 서민경제 회복과 지속 가능한 인류 문화체계를 건설하는 행동과학에 많은 분들이 함께하게 될 것이다.

다. 인간관계 10계명

인맥경영연구원은 '사람은 사회적 존재, 관계의 존재'라고 하면서 인간관계를 잘 이끌 수 있는 10가지 방법을 다음과 같이 제시하였다.

① 먼저 손 내밀어라.
o 일반적으로 사람들은 먼저 다가서지 않으며 상대방이 다가오기를 기다린다.
o 친구를 사귀고 싶으면 먼저 손을 내밀고 악수를 청하라.
o 용기 있는 자만이 미인을 얻고 먼저 다가서는 자만이 친구를 얻는다.
② 호감을 가져라.
o 사람은 자기를 좋아하는 사람을 좋아하고, 자기에게 관심을 보이는 사람에게 관심을 갖는다.
o 호감과 관심을 받고 싶으면 먼저 상대방에게 호감과 관심을 가져라.
③ 통하라.
o 인간관계는 커뮤니케이션 관계며 커뮤니케이션은 통하는 것이다.
o 대화 중에 말, 생각, 감정이 진심으로 통해야 서로 통하는 사이

가 된다.

- ○ 공감하라! 상대방의 말을 집중하여 경청하고 상대방을 수용, 이해, 인정, 지지하라.

④ 따뜻한 말을 하라.

- ○ 상대방에게 힘과 용기를 주는 말을 하라.
- ○ 상대방에게 기쁨과 즐거움을 주는 말을 하라.
- ○ 사랑과 애정이 담긴 말로 상대방의 마음을 따뜻하게 하라.

⑤ 상처 주지 마라.

- ○ 상대방을 비판이나 비난하지 마라.
- ○ 상대방에게 책임과 잘못을 전가하지 마라.
- ○ 상대방의 감정과 자존심에 상처를 주지 마라.

⑥ 속을 보여줘라.

- ○ 열 길 물속은 알아도 한 길 사람 속은 모른다고 했다.
- ○ 모르면 이해할 수 없고 이해할 수 없으면 친해지지 않는다.
- ○ 솔직하게 생각과 감정을 표현하고 속을 보여줘라.
- ○ 때로는 비밀도 공유하라.

⑦ 많이 웃고, 많이 웃겨라.

- ○ 사람들은 잘 웃는 사람을 좋아한다.
- ○ 사람들은 잘 웃기는 사람을 좋아한다.
- ○ 사람들은 밝고 유쾌한 사람을 좋아하니 자주 웃고, 자주 웃겨라.

⑧ 챙겨줘라.

- ○ 상대방의 일을 내 일처럼 생각하라.
- ○ 상대방의 애경사를 내 애경사처럼 생각하라.
- ○ 상대방에게 필요한 일, 도움이 되는 일을 미리 잘 챙겨줘라.

⑨ 참고 이해하고 용서하라.

o 인간관계에서 가장 중요한 것은 참는 것이다.

o 인간관계에서 가장 중요한 것은 참고 이해하는 것이다.

o 인간관계에서 가장 중요한 것은 참고 이해하고 용서하는 것이다.

⑩ 먼저 등 돌리지 마라.

o 인간관계가 쉽게 친해지지 않는다고 먼저 등 돌리지 마라.

o 별 볼 일 없다고 먼저 등 돌리지 마라.

o 섭섭하다고 먼저 등 돌리지 마라.

o 한 번 맺은 인연을 소중히 하고 절대로 먼저 등 돌리지 마라.

제 9 장

따뜻한 자본주의
경영으로 가는 기업들

연꽃과 삶

전하억

가졌다, 못 가졌다.
이제 이것을 떠나
무엇에 가치를 두고 살아야 하는지
어떤 일을 할 수 있는지 생각합니다.

가진 사람은 가진 대로
가진 게 없는 사람은 없는 대로
자기를 지키기 위해
혼자만의 삶을 보기도 하고
이웃의 삶을 보기도 합니다.

내가 가진 게 없는 사람이었을 때
내가 가진 게 있는 사람이었을 때
어디에 머물러 있었는지?
이제 가진 것 다 사라지고 돌아와
이렇게 가진 사람들의 바람에 귀 기울이며
세상 낮은 자리에서
억눌리고 일그러져 들려오는 울부짖음
귀 기울이며 갑니다.

제9장

따뜻한 자본주의 경영으로 가는 기업들

이제 돈 놓고 돈 먹는 자본주의는 빈익빈 부익부의 부작용으로 서민들에게는 더 이상 환영받지 못하게 되어가고 있다. 우리는 그동안 돈만 보고 인간을 내치는 최고경영자의 가치관, 어떻게든지 거짓과 꼼수로 자기 것만 챙기는 소비자 배신기업, 뒤로 남는 돈을 빼돌리고 플랫폼을 닫는 기업 등에 우리는 돈고생, 맘고생을 많이 하여 왔다. 하지만 우리는 자본주의를 떠날 수 없고, 이 바탕에서 돈을 벌어야 가정경제를 유지하며 먹고 살 수 있다. 이제는 자본주의 이론을 바꿔서 기업을 세우고 이를 통해 서민경제를 살려내야 한다. 즉 맘고생 덜하며 재미있게 하는 사업, 우리 사회의 경제적 약자들을 도우며 함께 경제 플랫폼을 이뤄가는 선한 마음을 가진 사람들이 함께하는 경제와 기업이라면 더욱 좋겠다. 연세대 김형석 명예교수는 "사회질서는 선(善)의 윤리적 가치 위에서 자란다."라고 하였다.

박대석은 그의 컬럼에서 '우리나라에는 홍익인간이라는 좋은 전통적 문화유산이지만 현대화에 맞는 이론이 없었다'고 했다. 그러나 이제 이것을 실행할 이론과 실천하는 실체 모범기업이 있어 여기 소개한다. 이 기업들을 벤치마킹하고, 이런 경영원리를 채용하는 기업들이 날로 많아지기를 기원한다.

1. 협동조합의 기적 이끈 스페인의 〈몬드라곤〉

김성오는 월간노동리뷰(2013)에서 스페인의 몬드라곤 협동조합을 다음과 같이 설명하고 있다. 몬드라곤 협동조합 운동의 역사는 창립자이자 이들의 정신적 지도자 호세 마리아 아리스멘디 아리에타 신부가 1941년부터 벌였던 주민운동의 역사부터 시작된다.

호세 마리아 신부

호세마리아 신부는 스페인 내전에서 프랑코군의 바스크 압살전략으로 완전히 폐허가 된 몬드라곤 교구에 20대 후반의 젊은 나이에 부임하여 이 마을을 경제·사회적으로 부흥시키기 위한 활동을 시작했다.

우선 기술학교를 만드는 것부터 시작하였는데, 젊은이들이 프랑코 군에게 거의 목숨을 잃은 상태에서 어린 아이들부터 가르쳐야 했다. 학교를 만들고 운영하는 과정에 주민들의 참여가 절실했는데, 신부는 패배의식과 공포에 젖어 있던 주민들에게 웃음을 찾아주고 다시 희망을 북돋아 주는 것이 필요하다고 판단해 학교와 함께 축구클럽과 축구리그를 만들어 그 수익금을 고스란히 마을 기금으로 적립했다. 이 외에도 성당조직을 다양하게 확대하고 활성화시키며 약 15년 동안 주민운동을 진행하였다.

아리에타 신부의 전략은 당시 인구 6,000명 정도의 작은 마을 주민들의 힘을 오랜시간 공을 들여 강력하게 하나로 결집시키는 것이었다. 이러한 준비과정은 이후 마을 주민들이 적극적으로 참여하는 협동조합은행 설립까지 일사천리로 진행되는 동력을 확보하는 과정이기도 했다.

1980년대를 거치면서 거대한 협동조합으로 성장하였는데, 2010년 기준 약 260개 회사가 금융, 제조업, 유통, 지식 등 4개 부문을 포괄하는 하나의 기업집단으로 조직되었다. 한국으로 따지면 일종의 재벌기업인데, 단지 그 주인이 특정 가문이 아니라 회사에서 직접 일을 하고 있는 노동자들이라는 점에서 세계를 대표할 수 있을 만한 모범기업이라 할 수 있다. 노동자들이 소유하고 경영자를 선임하며 경영 전체를 관리·감독하는 체제로 되어 있다.

기업의 전체 자산은 한화로 약 54조 원, 제조업과 유통업 부문의

2010년 1년 매출은 대략 22조 원 정도 규모이다. 총 고용인원은 8만 4천 명이고, 이 중 약 3만 5천여 명이 출자금을 낸 노동자 조합원, 즉 주주들이고 나머지는 조합원으로 점차 전환되어 가고 있는 비조합원 노동자들인데, 15,000명은 해외 지사의 노동자이다. 해외에 80여 개가 넘는 생산공장을 갖추고 있다.

제조업 중 핵심사업은 가전제품 생산판매인데, 제조업 매출의 약 60%는 수출을 통한 해외 매출이 차지하고 있다. 브랜드는 〈파고르〉로 스페인과 유럽, 미국과 남아메리카, 중국과 러시아, 그리고 동남아시아 시장에서 파고르 냉장고나 파고르 세탁기를 판매한다. 삼성, 엘지 등 워낙 세계적인 가전 브랜드가 있어 한국시장에는 아직 진출하지 못했다. 몬드라곤에 소속된 유통부문 핵심기업 〈에로스키〉는 소비자 협동조합으로 스페인과 프랑스에 약 2,100개의 매장을 가지고 있다. 우리나라로 치면 홈플러스나 이마트 정도 되는 수준이라고 보면 된다.

몬드라곤, 직장에서도 가정같은 인간성을 강조

금융부문 핵심기업인 〈노동인민금고〉 은행은 스페인 전국에 420여 개의 지점을 가지고 있는 스페인 5위권 안에 드는 대형 은행이다. 또한 몬드라곤에 협동조합이 운영하는 공학부, 경영학부, 인문학부를 포괄하는 4년제 몬드라곤 대학교가 있고 스페인 바스크지역에서 가장 유명한 기술연구소들이 포함되어 있다.

여기서 우리가 배울 점은 협동조합이 아니더라도 일반 대기업에서의 노동자 경영참여와 소유참여의 기회를 넓히는 것이 사업성공에 도움이 된다는 것이다. 아래는 몬드라곤 협동조합의 10원칙이다.

① 공개적인 조합원제도(Open membership)

② 민주적인 조직(Democratic organization)

③ 노동 주권(Sovereignty of Labor)

④ 자본은 부차적 수단(Capital is instrument and subordinate)

⑤ 참여 경영(Participation in management)

⑥ 급여 연대(Pay solidarity)

⑦ 협동조합의 협동(Inter cooperation)

⑧ 사회변화(Social transformation)

⑨ 보편성(Universality)

⑩ 교육(Education)[72]

노동자들이 경영과 소유에 참여하면 기본적으로 고용의 질은 높아지고 신규고용 또한 늘어날 가능성이 높다. 이것은 매우 오랫동안 검증된 노동자협동조합 운동의 교훈이다. 우리사주 제도와 노동자 이사제도를 도입하는 방법을 적극 강구하는 것이 경영의 핵심이다. 우리나라에도 몬드라곤과 같은 선한 인성이 기반이 되는 모범기업이 하루빨리 생겨나고, 이런 사회문화가 조속히 확산되었으면 좋겠다.

2. 6000여개 재배농가 모인 미국의 〈썬키스트〉 노동조합

1840년 영국에서 로치데일이 만들어질 무렵, 미국에서는 황량한 서부 사막에 첫 감귤재배가 시작된다. 야채와 과일이 부족했던 서부의 사막에는 비타민 부족으로 괴혈병이 창궐했다. 서부에서는 비타민이 풍부한 감귤재배에 대한 수요가 증가했고 1849년 캘리포니아 골드러쉬로 인구가 늘어나면서 식품수요가 폭발적으로 증가해 감귤산업도 팽창했다.

하지만 공급이 수요를 추월했다. 새로운 시장이 필요했을 때, 1870년에 서부와 동부를 잇는 대륙철도가 완공됐다. 다시 한번 캘리포니아 감귤산업은 성장하는데, 그들은 이를 '제2의 캘리포니아 골드러쉬'라고까지 했다.

하지만 철도에 의존하면 의존할수록 중간도매상과 유통업자들의 힘은 강해져 중소규모의 감귤 농가들은 힘을 잃어갔다. 1891년 마침내 감귤 유통업자들은 열차운송비를 부담하지 않겠다며 유통과정에 발생하는 비용을 농가들에 떠안겼다. 팔아도 적자였다. 감귤 농가들은 어찌지 못하는 상황에 설상가상으로 경제위기가 터졌다. 감귤 농가들은 공정하지 못하다고 생각하는 시스템을 바꾸기 위해 모이는데, 이게 바로 미국 과채 분야에서 가장 큰 협동조합 선키스트의 이야

기이다.[73]

썬키스트가 추구하는 가치는 화학적 제초제나 해충 살충제를 쓰지 않는 썬키스트의 유기농 재배방식으로 일하는데, 속도와 함께 품질을 지키는 것이다. 제품의 품질을 떨어뜨리지 않는 다는 신뢰를 기본으로 한다.

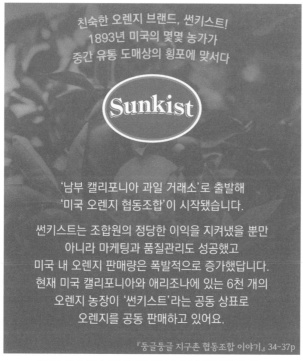

선키스트 소개글, 둥글둥글 지구촌 협동조합이야기 참조

그들은 지속 가능성과 자연을 올바르게 대하고자 노력한다. 그래야만 가장 고품질의 감귤류를 계속 재배할 수 있기 때문이다. 조합의 많은 재배자들이 태양열 발전, 저공해 차량 및 절수 관개 시스템과 같은 지속 가능한 방식을 채택하여 항상 자연을 지키는 방향을 선택한다고 한다. 협동조합으로서, 커뮤니티로서, 농부로서, 가족으로서, 사람으로서 고개를 들고 발은 땅에 단단히 고정한 채 더 밝은 내일을 꿈꾼다는 목표로 임한다고 한다. 조합원들은 기업을 키우고 그것을 공유한다. 이외에도 아래와 같은 다양한 조합기업이 있다.

3. 축구팬과 국민이 주인인 스페인의 〈FC바르셀로나〉

소비자 협동조합도 빠져서는 안 될 중요한 협동조합이다. 스페인 프로축구단 FC바르셀로나와 스위스 미그로가 대표적인 예다. FC바르셀로나는 대자본을 가진 기업가가 구단을 창설하면 팬들이 생겨나는 일반적인 스포츠팀과는 달리 팬(소비자)들이 스스로 출자해 만든 구단으로, 17만여 명의 축구팬들이 주인이자 운영자인 소비자 협동조

구단의 초대 회장인 발터 빌트(1899-1901)

합 FC바르셀로나는 팬들이 조합원(회원)으로 직접 구단을 운영해나가
는 소비자 협동조합이다.

FC바르셀로나는 17만여 명의 팬들이 출자해 운영하고 있으며, 조
합원 중 가입경력이 1년 이상이고 18세 이상이면 누구나 6년에 한번
씩 치러지는 클럽 회장 선거에서 회장을 선출할 권리를 가질 수 있다.
또한 회원들은 구단의 최고 의사결정 기관인 총회 구성원으로 2년간
활동할 수 있으며 회원들을 대표해 계획, 예산 등을 결의하게 된다.

바르셀로나 100년 전 1923.2.25. 사진
FC바르셀로나 홈페이지

4. 인도의 〈오로빌 공동체〉

오로빌은 남부 인도의 코로만델 해안에 위치한 인공적으로 건설된
공동체마을로 개인의 사유재산에 대한 관념이 없는 영적 공동체이
다. 이다. 이곳은 인도의 영적지도자인 스리 오로빈도에 의해 구상되

었다. 오로빌이라는 이름은 스리 오로빈도에 대한 존경의 뜻을 담고 있고, 그 뜻은 '해뜨는 마을'이라는 의미이다. 스리 오로빈도와 그의 어머니는 1964년에 그들의 원대한 포부를 시작해야 할 때가 되었다는 생각을 가지고 일을 추진하기 시작하여 1968년 2월 28일에 오로빌에 거주자들이 정착하기 시작했다.

플럼빌리지의 '플럼(Plum)'은 우리나라 말로 자두인데, 자두 마을이란 이름이 붙여진 이유는 틱낫한이 맨 처음 이곳에 들어와 부처의 첫 제자가 1,250명이었던 것을 기념하여 자두나무 1,250그루를 심었기 때문이라고 한다.

그들은 전세계에서 모인 최대 5만 명의 거주자를 수용하는 공동체 마을을 계획하고 있다. 근래에는 전체 35,000명 정도가 거주하는 타밀마을에 둘러 쌓인 다양한 크기의 100여 개의 거주지에서 30개국 1,500명이 정착해 살고 있다. 유기농업과 교육, 건강관리, 건전한 기술개발, 건축, 정보기술, 크고 작은 사업, 수자원 관리, 문화활동 등의

오르빌공동체, http://www.auroville.org/

다양한 영역에서 활동을 전개하고 있다.

1988년 인도 정부는 오로빌 재단의 발전을 지원하는 법을 제정하였다. 이 법으로 마을 거주자들의 조화로운 발전을 위한 행정조직과 의회 및 해외관련 업무를 담당할 세 부분이 세워지게 되었다. 오늘날 오로빌은 인도 정부는 물론 세계각지의 비영리단체에 의해 생태적으로 잘 보전된 공동체 마을로 평가받고 있다. 오로빌 마을의 특징은 다음과 같다.

① 어느 특정한 사람들만이 아닌 모두에게 열려있는 공간으로서 단지 신성한 의식에 충실하게 집중하고자 하는 사람이면 구성원이 될 수 있다.

② 노소에 상관없이 끝없는 교육을 지속하는 공간이다.

③ 과거와 미래의 가교역할을 위해 다양한 연구와 실천을 통해 미래를 앞서나간다.

④ 원만한 인간성을 구현하고자 물적 · 정신적 각성을 추구한다.

또 그들이 추구하는 가치는 다음과 같다.

① 진정한 삶은 도덕적 · 사회적 억압으로부터의 자유이지만 이것이 개인의 무한한 욕망추구로 이어져서는 안되며, 균형잡힌 충족감은 내면의 발견을 통해서만 가능하다.

② 개인의 사유재산에 대한 관념을 없앤다.

③ 육체적인 노동은 내면의 발견에 필수적인 과정으로 일을 통하지 않고는 몸의 각성은 물론 내면의 발견도 있을 수 없다.

④ 전 지구적으로 새로운 종족이 등장할 것이며 오로빌은 이러한

것을 의식적으로 촉진하고자 한다.

⑤ 이러한 새로운 종족이 어떠할 것인지는 조금씩 밝혀질 것이며 가장 좋은 길은 우리 스스로가 신성함을 유지하는 것이다.

5. 태국의 〈인펭네트워크〉

오랫동안 농업경제학을 연구하며 농촌에서 새길을 찾아온 윤병선 교수는 태국에 인펭네트워크(Inpeng Network)를 소개했다. 그의 연구내용을 아래에 인용한다.

인펭네트워크(InpengNetwork)는 신(in)이 만들었다(peng)는 뜻을 가진, 즉 모든 사람이 먹고 살 수 있는 지역을 신이 만들었다는 의미의 자급자립의 공동체이다. 태국 동북부 푸판지역의 5개의 군에서 1987년에 시작되어 2009년 현재는 4,000여 농가(약25,000명)가 회원으로 참여하고 있다.

인펭의 시작은 태국농촌재건운동(Thailand Rural Reconstruction Movement)의 영향을 크게 받았다. 푸아이(Puay)와 옌(Yen)에 의해 1969~76년에 전개된 이 운동으로 다음과 같은 인간중심의 신조로 생활하고 있기 때문에 의미있고 지속 가능성이 담보된 농촌재건운동을 전개해 나갈 수 있었다. 이들의 공동규칙은 아래와 같다.

① 사람들과 함께 산다.

② 사람들과 함께 계획한다.

③ 사람들과 함께 일한다.

④ 사람들이 가지고 있는 것에서 시작한다.

⑤ 사람들과 가지고 있는 것으로 세운다.

⑥ 보여주고 실천함으로써 배운다.

⑦ 조각이 아닌 통합적인 접근으로 변화를 일군다.

⑧ 구제하는 것이 아니라 해방한다.

그리고 '지역은 생활터전이다, 지역의 주민은 힘이 된다, 서로 힘을 합쳐 일한다, 지역주민을 위해서 노력한다'는 정신으로 자기들 스스로가 제어할 수 없는 것에 대한 의존을 가능하면 줄인다. 이는 공동체가 위험에 노출되는 것을 줄이면서 다른 형태의 종속을 줄이는 전략이다. 이는 잊혀진 사회적 공통자본의 회복과정으로 세계의 여러 농촌지역에서 일어나고 있는 '자족 경제운동'의 기반이 될 수 있다. 즉 농촌지역에 산재해 있는 '사회적 공통자본'의 재생 또는 활용을 통해 미래를 만들어 가는 것이다.

인펭네트워크의 경제는 내부 구성원들 사이의 의존도를 서로 높여간다. '나는 너 없이도 살아'가 아니라 '나는 너 때문에 살아'가 바로 이 공동체의 이념이다. '외부자원에 대한 의존도를 낮추면서 자급자족하며 살아가는 스스로에 대한 의존도를 높이는 것이 국가나 자본에 빼앗겼던 부분들을 농민과 시민이 스스로 되찾는다'는 이러한 흐름은 점차 확대될 것이다.

인펭의 의사결정은 5개 도의 87개 시, 군이 서로 교류하고 정보를 공유하면서도 독립적인 활동을 전개한다. 인펭위원회는 아래로부터 올라온 과제나 정책의견을 결정하기 위해서 격월로 도별로 순회하면서 회의를 개최한다고 한다.[74]

6. 모든 이의 동행 〈아름다운 동행〉

일반적으로 민간이 담당하는 공익활동에 필요로 하는 재원을 충당하는 방법으로는 회원들의 회비와 모금에 의존하는 사단법인의 형태 또는 독지가의 재산출연이나 기업의 기부후원에 의존하는 재단법인 형태로 운영하는 것이다. 하지만 장기적인 국내외 경기침체와 다양한 형태의 모금사업이 많아지고 있고, 이에 동참하는 후원자의 재원은 한정되어 있어 이마저도 모금 활동이 분산되거나 위축되고 있는 것이 현실이다.

〈아름다운 동행〉은 우리사회의 갈등을 해소하는 데 일익을 담당하기 위하여 여러 가지 사회 복지후원사업을 활발히 진행하고 있다.

〈아름다운 동행〉

무료급식 봉사활동

그동안 독거노인 생활지원을 비롯해 노인복지 후원사업, 결식노인 무료급식지원, 실버 일자리창출, 장애인 후원사업, 아동·청소년 멘토링사업, 희망나눔 프로젝트, 다문화가정 정착지원, 재능기부사업

등의 다양한 사회공헌 활동을 활발히 해왔다.

한국을 빛낸 위대한 인물대상 김태수 이사장 수상

〈아름다운 동행〉은 기존의 회비나 기부 후원금에 의존하는 방식과는 달리 독창적이고도 특별한 프로그램을 가진 사회적 공헌기업인 '에이스홀딩스'를 설립하였다. 이를 통해 새로운 일자리 창출은 물론 그 이익금으로 비영리 사회적 공익단체인 〈아름다운 동행〉(제541호)을 운영하는 새로운 제3섹터 방식의 비영리 NGO 활동으로 새로운 길을 열어가고 있다.

지역사회의 소외계층을 지원하는 법률, 창업, 세무, 재테크, 상담과 치유 등의 '재능기부' 활동도 지속적으로 확대해 나가고 있다. 이 모든 일들을 〈아름다운 동행〉은 회비와 재정적 후원에 의존하지 않고, 사회적 공헌기업의 운영으로 그 스스로가 창출한 자가발전 동력에 의해 우리사회가 필요로 하는 사회복지 후원사업의 영역을 확대해 나가고 있다. 〈아름다운 동행〉은 각 지역에 거주하는 충성도 높은 회원들의 복지와 편의를 위한 오프라인 동행플러스로 〈동행 생협 나눔마트〉도 운영하고 있다.

이러한 동행생협 나눔마트는 회원을 위한 복지마트로서의 역할은 물론 지역에 거주하는 회원들의 만남을 위한 사랑방 역할도 겸하면서 회원들간의 지역 커뮤니티를 형성하는 데 도움이 되는 지역 생활형 플랫폼을 제공하고 있다. 동행생협 나눔마트의 운영을 통해 기금 모금과 함께 회원 및 봉사자들에게는 생활복합형 플랫폼을 제공하여 회원들의 이익은 물론 사회적 공익 소비활동에도 기여하고 있다.

또 〈아름다운 동행〉 대표로 하루 천여 명이 넘는 많은 분들에게 무료급식 등 사회 기여활동을 이끄는 김태수 교수는 필자와 여러해 동안 자본주의 경제 문제의 대안을 찾기 위해 노력해 온 학자이며 사업가이다.

7. 홍익인간 경영에 도전하는 기업, 〈워너비 그룹〉

가. 경영의 4무(無) 원칙

'WANNA BE!'는 문자 그대로 '무엇이 되고 싶다'는 뜻이다. 그러면 워너비 그룹의 참여자들은 무엇이 되고 싶은 것일까? 워너비 그룹을 창업해 경영해 오고 있는 전영철 회장은 지금까지 세계에서 유래를 찾아보기 힘든, 홍익인간 철학을 신뢰자본으로 경영하는 위대한 경영인이다. 그러나 이 기업이 결과적으로 성공한다는 보장은 하기 어렵다. 왜냐하면 지금까지 이런 따뜻한 자본주의 방식으로 경영해 온

기업이 흔치 않기 때문이다. 그러나 이 기업에는 아래 경영의 4무(無) 원칙이 있어 큰 희망을 갖게 한다.

전회장은 기업경영에도 남다른 능력을 갖고 있는데, 그것은 속직함과 담대함, 그리고 남다른 사회성이라고 할 수 있다. 워너비그룹에는 십수 개의 자회사와 협력회사가 있는데, 앞으로 급속하게 늘어나게 될 전망이다. 전회장의 탁월한 능력을 알게 된 기업체들이 경영을 도와서 협력해 가자는 요청이 많기 때문이다. 이렇게 여러 개의 회사를 문제없이 제대로 경영하기 위해서는 원칙이 필요할 것이다. 전회장은 이것을 위해 아래 다음과 같은 경영의 4무(無) 원칙을 표방하였다.

① 세금을 포탈하지 않는다.

② 법을 어기지 않는다.

③ 트릭을 쓰지 않는다.

④ 숨기지 않는다.

4무 정책을 설명하는 전영철 회장

즉 법을 철저히 준수하고, 정직하게 이익을 내서 그 이익금을 다시 사회로 환원하여 선한 영향력으로 세상을 바꾸는 사회적 모범기업을 만든다는 목표라고 한다.

그러므로 워너비의 사업참여자들과 회원들은 아래 경영의 4무(無) 원칙을 근간으로 회사를 '세상에서 가장 성공한 회사가 되고 싶다(Wanna Be The Most Successful Company in the world)'를 목표로 나가야 할 것이다. 이제부터 이것이 가능한지 내용을 자세하게 들여다보자.

나. 따뜻한 자본주의 실천을 위해 선한 기운이 모인 기업

워너비 그룹은 한마디로 '따뜻한 자본주의 실천을 위해 선한 기운이 모인 기업'이라고 할 수 있다. 다시 말하면, 돈만 보면 불나방이 같이 달려드는 사람들이나, 금덩어리를 쌓아두고 굶어 죽은 사람들같이 행동하는 사람들은 가면 안 되는 곳이다. 금방 큰돈이 안 된다는 것을 알게 되어 실망하기 때문이다.

이 기업을 창업한 주인공은 목사이며 경영자인 전영철 회장이다. 그는 청년 시절부터 사회의 약자들을 위해 일해야 한다는 것을 하늘이 내린 사명으로 받고 평생을 활동해 왔다고 한다.

특히 경제적 위기로 어려움을 겪는 청소년들은 어려운 환경을 원망하며 '가슴에 화약을 쌓게 된다'는 사회적 문제점을 해결하는 데 치중하고 있다. '소리 없이 울고 있는 아이들을 웃게 해 주겠다'는 꿈은 비영리법인 캥거루재단을 모체로 하여 워너비 그룹의 지주회사인 워너비데이터㈜의 주식 전부를 캥거루재단에 기부하는 것을 시작으로 본격적인 행보를 이어가고 있다.

어찌 모면 몬드라곤 협동조합 지도자인 호세 마리아 신부와 같은 성직자로서의 직분이 이 일을 시작하게 되었다는 생각이 든다.

전 회장은 "누구든지 워너비 그룹 딜러가 되어 소상공인과 기업 그리고 아이들을 돕는 선순환 역할을 할 수 있다. 직접적으로는 이벤토 플랫폼의 광고 이용권을 구입하는 일이지만, 궁극적으로는 제4차산업혁명 시대에 도태되지 않도록 워너비 그룹 내에서 경제적인 보호를 받게 되는 것이다. 캥거루 운동의 주도적 조직체로서 지역에서 소상공인들과 주민들 그리고 위기가정 청소년들을 연결시키는 매개체가 되어주시길 바란다"라고 소신을 밝혔다.[75]

다. 4차산업혁명 기술 사업으로 미래를 앞서가는 기업

지금은 첨단기술이 세상을 선도하고 사업을 만들어 가는 시대가 되었다. 과거에 바탕을 둔 레드오션(Red Ocean) Biz Model 보다는 미래를 준비하는 블루오션(Blue Ocean)의 새로운 비즈니스 모델이라야 성공할 수 있다.

워너비 그룹은 급변하는 4차산업혁명 시대에 대한 선제적 대응으로 AI, VR, AR, 메타버스, NFT, 블록체인 엔진 등의 첨단 기술과 엑소좀 등의 Bio 기술의 결과물을 일반인들과 공유하여 함께 대중화를 진행한다. 더불어 워너비 그룹 멤버 각자의 경험에서 축적된 지혜와 인적 네트워크를 〈EVENTO, 이벤토〉 플랫폼이 지닌 지적 자산에 접목하여 각 개인의 재무적 안정과 사회적 가치를 달성하고 있다.

그중에서도 두각을 나타내고 있는 분야가 바로 블록체인 관련 사업이다. 블록체인은 분산 데이터베이스의 한 형태로 네트워크에 참여하는 모든 사용자가 거래 내역 등의 데이터를 분산·저장하는 기술이다. 이 기술을 바탕으로 워너비 그룹은 고객에게 다양한 소프트웨어 플랫폼과 DB 솔루션을 제공한다.

대표적인 계열사로는 워너비 그룹의 지주회사인 워너비데이터㈜가 있다. 워너비데이터는 데이터베이스 및 온라인 정보 제공업을 주력으로 하고 있으며 현재 워너비 그룹에서 자체 개발한 이벤토 플랫폼을 구글 플레이스토어로부터 공식으로 인정받아 운영 중이다. 소상공인과 기업은 이벤토 플랫폼 속 SQG 로또 게임, NFT 결제 시스템, AR 할인권 보물찾기를 통해 자연스럽게 회사 홍보를 할 수 있으며 더불어 고객에게 보상을 제공하는 등 다양한 블록체인 네트워킹을 구현할 수 있다. 흥미로운 점은 이벤토 플랫폼이 블록체인을 기반으로 메타버스 시장을 공략했다는 것이다. AR 할인권 보물찾기 게임이 대표적이다. AR 할인권 보물찾기 게임은 소상공인 또는 프랜차이즈가 원하는 할인 상품권을 원하는 장소에 숨겨놓고 고객이 AR로 찾는 이벤트다.

또 ㈜워너비체인소프트 회사는 블록체인 기반의 소프트웨어를 개발하는 IT 기업으로 블록체인 메인넷 개발 전문기업이다. VR 글라스, 인공지능, 빅데이터 정제기술 등 4차산업혁명 시대의 핵심기술들을 보유하여 첨단 IT 기업집단의 면모를 보이고 있다. 특히 이 기업은 끊임없는 연구개발을 통해 블록체인 실용화 과정에서 BaaS(블록체인 임대사업) 분야의 세계적 강자를 꿈꾸고 있다.

그리고 ㈜위즈블은 워너비 그룹에서 지분 투자한 회사로 2014년부터 블록체인 기술개발을 전문적으로 이어오고 있다. 2023년 1월 19일에는 블록체인 기반으로 다양한 사업 기반을 마련하고 재원을 확보하고자 워너비데이터 사장단 140여 명이 모인 자리에서 투자 계약식을 진행하며 미래 비전을 함께 나눴다. 위즈블의 핵심 비전은 'BRTE2.0(Blockchain Real-time Ecosystem)'이다. BRTE2.0은 블록체인 기술을 기반으로 한 TPS 실시간 처리 기술이며 거래 기록뿐 아니라 페이먼트 서비스, 메디컬 블록체인, IoT, 물류, 유통, 자율주행, 전자서명, 가상투표 등 산업 전 분야에 사용할 수 있도록 확장성을 제공한다. 말 그대로 블록체인을 통한 실시간 결재시스템의 완성이라 할 수 있다. 이제 이 시스템을 글로벌 차원으로 실용화해야 한다는 과제가 남아 있다.

라. 라이프 스타일을 설계하는 바이오 플랫폼 사업

2023년 1월 9일 워너비 그룹 본사에서 전영철 워너비 그룹 회장과 김윤배 ㈜디자인셀 대표는 엑소좀 임상시험에 대한 300억 원의 투자 협약을 체결했다.

디자인셀은 줄기세포를 활용한 난치병 세포치료제 개발 업체로, 현재 엑소좀 기술개발로 불치병 치료에 획기적인 기반을 제공해 천문학적인 자산가치를 눈앞에 두고 있다. 워너비 그룹은 추후 디자인셀에서 개발한 엑소좀과 백장미의 유효성분을 함유한 화장품 등을 제조하고 유통하는 워너비 H&B를 설립할 예정이다.

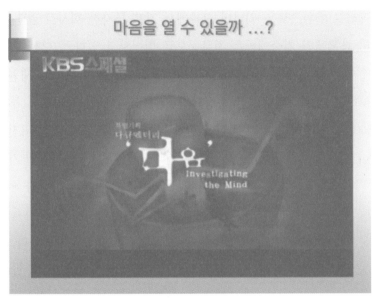

마. 워너비 그룹의 확장 사업과 사회 공헌 활동

시스템 플랫폼 안에는 지역 소상공인, 벤처기업, 지역 인사, 소비자, 블록체인존 기술이 탑재된 645 로또게임, 디지털 자산, 멀티 쇼핑몰 등이 있다. 이때 N분의 1 마케팅을 통해 수익이 창출되는데 얻어지는 수익은 캥거루재단을 통하여 이웃사랑을 실천하는 일로 다시 이어진다. 이러한 순환이 원활하게 이어지기 위해서는 블록체인 기술을 탑재한 플랫폼, 회원제 시스템, AI빅데이터를 활용한 고객만족, 편리성, 공유, 공정, 나눔 등이 필수 요건으로 갖춰져야만 한다. 워너비 그룹 구성원은 대중들과 함께 공유가치(CSV · Creating Shared Value)를 추구하고자 모든 분야에 유기적으로 연결되어 구조를 적극적으로 이해하고 참여하고 있다. 이를 통해 공생, 공조, 공영의 따뜻한 자본주의를 실천하는 세계적인 유니콘 기업이 되는 것이 워너비 그룹의 목표다.

위의 사업 이외에도 워너비 그룹 계열사인 워너비LX㈜는 VR, NFT를 적용한 세계 명품 유통(NFT 진품 보증) 운용사로서 현재 이탈리아 명품을 수입하여 시가보다 저렴하게 유통하기 위해 명품 홈쇼핑과 제휴 중이다.

또한 워너비 그룹은 쇼핑몰 운영사인 ㈜워너비굿즈, 온천 글램핑 수영장을 보유하고 있는 캥거루온천랜드, 행사 전문 기획사인 워너비콘텐츠허브㈜, 건강기능식품 회사인 ㈜고려인삼제품, 특수광물질 전문기업 트라이스톤 등 다수의 계열사를 보유하고 있다.

워너비 그룹 계열사 트라이스톤 익산 공장

4차산업혁명 시대를 선도해나가고 있는 워너비 그룹은 여러 계열사와 함께 사회공헌적 목적 사업을 실현해 가고 있다. 워너비에서 세상을 바꿀 새로운 연결의 기술로 만들어 낸 수익은 위기가정 청소년들이 더 나은 미래에 도달할 수 있도록 캥거루재단의 다양한 지원 사업에 가치 있게 쓰이게 된다. 아름다운 선순환이 일어나는 세상, 이것이 바로 워너비 그룹이 꿈꾸는 세상이다.

7. 자본주의 전환기에 필요한 헌신적 리더십

지금까지 자본과 노동, 그리고 여기에 참여하는 다양한 개인과 법인 등을 둘러싼 기업경영과 경제환경의 다양한 변화를 살펴보았다. 이렇게 홍익인간이나 신뢰자본, 그리고 따뜻한 자본주의에 입각해 경영되는 조직들에는 몇가지 공통점이 있는데 그것을 정리하면 다음과 같다.

1. 인간의 신뢰와 사랑이라는 본연의 숭고한 가치가 그 조직의 기반이 되기 때문에 경제적 수입가치보다 인간의 정신적 가치를 우선으로 한다.
2. 조직을 창설하고 이끌어가는 지도자의 희생적 리더십이 사람들의 호응을 얻어 회원들을 규합하고 고도의 가치를 구현한다.
3. 해당 지역의 지역 환경이나 특성, 인구구조, 주위의 경제적 여건 등 그 사회의 공통자본을 활성화시켜 부가가치를 창출한다.
4. 그 창출되는 가치는 참여하는 회원이나 사업자들의 숫자의 자승에 비례하여 상승한다. 즉 많이 참여할수록 기하급수적인 효과를 창출하게 된다.

언제든지 시대적 전환기에는 그 변화를 주도하는 리더가 필요하게 마련이다. 그 주역은 주로 종교적 지도자, 사회 운동가, 학자 등이다. 이들의 공통점은 사회적인 공헌과 홍익인간 정신을 바탕으로 한 자기희생을 마다하지 않는다는 것이다. 이러한 지도자를 중심으로 선한 인성의 동조자들이 모이면 그것이 기업을 성공시키는 투자의 원동력이 된다. 그러나 큰 과제가 있다. 예를 들면 워너비 그룹이 표방하고 있는 경영의 4개 원칙에 입각한 그룹경영은 지도자 한 사람의 의지만으로 성공하기 어렵다. 지도자를 포함한 전체 참여자들의 좋은 의지를 반영하는 확실한 시스템적 단결이 필요하다. 이것까지 완성된다면 이러한 경영은 세계적인 모범사례가 될 것이다. 이런 기업이 많아질수록 여러 가지 어려운 사회문제를 극복하게 되고 점차 살맛나는 세상으로 바뀌게 될 것이다. 이것이 냉혹한 자본주의의 문제점들을 극복하는 대안이고, 이것이 다시 기업을 더욱 발전시키는 원동력이 된다. 이러한 위대한 사회적 공헌을 하는 헌신적 지도자들에게 성원을 보내며 그 기업들의 무궁한 발전을 기원한다.

| 마무리하며 |

이 책은 먼저 전자책으로 발간되었다. 사회적으로 ESG경영이 부각되면서 소비재의 절약이 요구되어 가능하면 종이 소비를 줄이는 방향으로 잡고 시간과 경비를 절약하기 위해서, 『21세기 신뢰자본과 기업 경영』이라는 제목으로 e-퍼플사에서 전자출판을 했다. 전자책은 교보문고, 리디북스, 알라딘 등 인터넷 서점에서 구매하면 리더기나 스마트폰, 태블릿 등 다양한 디바이스에서 읽을 수 있다. 텍스트 사이즈나 스타일 등을 쉽게 조절할 수 있어서 독자의 취향에 따라 맞춤형으로 읽을 수 있는 장점이 있다.

그런데 전자책을 마무리한 후에 인공지능들이 속속 일반화되면서 세상을 뒤흔들어 놓았다. 여기서 생긴 문제는 인공지능이 일반화되면서 독자들의 지적 수준이 엄청나게 높아져서 저자로서 내용의 부족함을 절실히 느끼게 되었다. 그래서 좀 더 핵심적인 내용을 중심으로 독자의 필요에 맞도록 빠른 시기에 증보판을 발행하게 되었다. 전체 원고를 꼼꼼하고 정확하게 교정해 주신 서혜선 교수님, 표지 디자인을 해 주신 박용신 추상화 화백님, 책을 발간해 주신 e-퍼플사, 그리고 대양미디어의 서영애 대표님, 끝으로 책을 구독해 주시는 독자 여러분께 감사드리며, 더 큰 관심을 부탁드린다.

저자 안동수 올림

주_註

1) Upstage AI Pack, AskUp, https://pf.kakao.com/_BhxkWxj

2) 안광복, 『철학, 역사를 만나다』, 웅진 지식하우스, 2012.11, p5.

3) 알베르 자카르 저, 이영자 역, 『나는 고발한다 경제지상주의를』, 다섯수레, 1999.6, p.118.

4) 이어령, 『생명이 자본이다』, 마로니에북스, 2014.1, p.341.

5) 허신행, 『2013년 대한민국 대표강사 33인의 대표강의』, 국민성공시대, 2013.6, '대한민국은 세계 중심국이 될 수 있다.

6) 이세기, 『이세기의 중국관계 20년』, 2013.7, 중앙books, p.24-25.

7) 위의 책 p.374.

8) 피케티, 『21세기 자본』, 2014.9, 글항아리, P.560.

9) 존 퀴긴, 정수지 역, 『경제학의 5가지 유령들, 원제; 우리 사회를 갉아먹은 경제 이론의 진실』, 21세기북스, 2012.06.(원페이지 요약)

10) 김윤태 저, 『한국의 재벌과 발전국가』, 한울아카데미, 2012.08.30.(원페이지 요약)

11) 김경원, 김준원, 『대한민국 경제 2013 그 이후』 리더스북, 2012.05.

12) 서정희 외, 『전 국민이 분노하고 있는 대한민국에서 사는 법』, 매일경제신문사, 2012.07.

13) 곽수종 저, 『한국경제 판 새로 짜라』, 글로세움, 2012.10.01, 원페이지북(원제: 5년 후 한국경제를 생각한다), (원페이지 요약)

14) 경제 인문사회연구회, 한국 사회와 그 적들(원제: 통계와 사례로 바라본 한국 사회의 공정성), 한국경제신문사, 2012.12. (원페이지 요약)

15) http://kin.naver.com/qna/detail.nhn?d1id= 4&dirId=4&docId=141884994&qb=65SU 66CI67KE66as7KeV&enc=utf8&section=kin&rank=1&search_sort=0&spq=0

16) 마이클 리 스톨라드, 『기업, 마음을 경영하라』, 옥당, 2010.5, p.20.

17) 미래사회, http://mobacle.blog.me/701732752

18) 달라이 라마, 『달라이 라마의 관용』, 이거룡 옮김, 도서출판 아테네, 2011.7, p.186.

19) 알베르 자카르 저, 이영자 역, 『나는 고발한다 경제지상주의를』, 다섯수레, 1999.6, p.21.

20) 이정환, 『투기자본의 천국 대한민국』, 도서출판 중심, 2006.4, p.255.

21) 골드만 삭스: 미국에 있는 투자은행이자 전 세계 금융시장의 큰손. 본부는 뉴욕에 있다. 독일계 유태인 마르쿠스 골드만이 세운 어음 거래 회사(속칭 돌림빵)로 출발해서 21세기에는 금융시장을 장악하고 석유사업에도 손대고있으며 온갖 일을 다 하는 회사. 유태계 기업으로 매우 유명한 회사인데 일단 창립자들이 유태인이었으며 역대 CEO들도 대부분 유태인이었다. 현재 2명의 CEO들 역시 유태인. 하지만 유태계가 회사를 독점하던 것은 옛날 얘기이며 현재는 유태계와는 별 관계없는 수많은 주주들에 의해 회사가 운영되고 있기 때문에 유태인들이 회사를 좌지우지하고 있는 식으로 보는 것은 오해이다. 실제로 임원이나 사원들의 경우에는 다양한 인종이

걸쳐있다. 1869년 설립되어 140년이 넘는 역사를 가지고 있으며, 전 세계 증권사와 투자은행 중에서 가장 크다. 2010년 골드만 삭스의 총 매출은 392억 미국달러. 우리 돈 40조에 달한다.

22) 이정환, 『투기자본의 천국 대한민국』, 도서출판 중심, 2006.4, p.235.

23) 노순규, 『미래사회의 변화와 성공방법』, 한국기업연구원, 1910.8, p.44.

24) 제윤경 외, 『약탈적 금융사회』, 도서출판 부키, 2012.10, p.74.

25) 이정환, 『투기자본의 천국 대한민국』, 도서출판 중심, 2006.4, p.211.

26) 송승용 외, 『금융회사가 당신에게 알려주지 않는 진실』, 웅진윙스, 2007.8, p.110.

27) 김병욱, 〈성장 vs분배 감춰진 진실〉, 대표강의, 도서출판 성공시대, 2013.6, p.63.

28) 제윤경 외, 『약탈적 금융사회』, 도서출판 부키, 2012.10, p.236.

29) 브레튼 우즈 체제(Bretton Woods system)는 국제적인 통화 가치 안정, 무역 진흥, 개발 도상국 지원을 목적으로 하며 환율을 안정시키는 것이 주요한 목표였다. 즉 미국 달러화를 기축 통화로 하는 금환본위제도를 실시하고, 금 1온스를 35달러로 고정시킨다. (위키백과)

30) 네그리, 하트 저, 정남영 외 번역, 『공통체』, 4월의 책, 2014.1. 원페이지북 참고.

31) http://blog.naver.com/PostList.nhn?blogId=bong78

32) 유통 용어 중 하나로, 대규모 유통 기업에서 체인 형식으로 운영하는 슈퍼마켓을 말한다. 슈퍼 슈퍼마켓, 대형 슈퍼마켓, 기업형 슈퍼마켓이라고도 부르며, Super Supermarket의 약자로 SSM이라고도 한다. 하이퍼마켓(Hypermarket)이라고 부르는 나라도 있다고 한다.

33) 피케티, 『21세기 자본』 바로읽기, 2014. p.20.

34) 피케티, 『21세기 자본』 바로읽기, 2014. p.85.

35) 피케티, 『21세기 자본』 바로읽기, 2014. P.108.

36) 알라딘 서재 http://blog.aladin.co.kr/town

37) 알라딘 서재 http://blog.aladin.co.kr/town

38) 피케티, 『21세기 자본』, 2014.9, 글항아리, P.450.

39) 피케티, 『21세기 자본』 바로읽기, 2014, P.314.

40) 1) 토마 피케티의 〈21세기 자본〉에 관한 @neoscrum 님의 요약 http://hedgefund.tistory.com/m/post/787

41) 노순규, 『미래사회의 변화와 성공방법』, 한국기업연구원, 1910.8, p.39.

42) 아나톨 칼레츠키, 위선주 역, 『자본주의 4.0』, 컬처앤스토리.

43) 아나톨 칼레츠키, 위선주 역, 『자본주의 4.0』, 컬처앤스토리.

44) 존 퀴긴, 정수지 역, 『경제학의 5가지 유령들, 원제: 우리 사회를 갉아먹은 경제 이론의 진실』, 21세기북스, 2012.06.

45) 김중웅, 새로운 경제를 열다, (원제: 인본 자본주의와 한국경제), 청림, 2013.01.

46) 아나톨 칼레츠키, 위선주 역, 『자본주의 4.0』, 컬처앤스토리.

47) 출처: sns 어두운 세상에 길은 있는가(책을 사랑하는 모임)

48) 심효섭, 『마흔, 빚 걱정없이 살고 싶다』(원제: 죽도록 일해도 빚만 늘어가는 3040을 위한 부채 탈출 프로젝트), 2013.01, 비즈니스북스를 참고하여 재정리

49) 정판교, 『바보경』, 파라북스, 2011.5, p.84.

50) Your philosophy creates your attitudes, which create your actions, which create your

results, which create your life.

51) 이종구 법무법인 김앤장 변호사, 금융혁신 스마트계약과 DAO를 중심으로, 2023년 2월 21일, 연세대학교 디지털 금융·가상자산 투자 최고위 과정 강의내용.

52) 자료 : 연합인포맥스(http://news.einfomax.co.kr)

53) 김도훈 교수, KAIST가 보는 미래사회]자동화로 빨라진 삶… 인간적 품격 위한 '사회적 합의' 화두로, 동아일보 2020.4.8.

54) 이종구 법무법인 김앤장 변호사, 금융혁신 스마트계약과 DAO를 중심으로, 2023년 2월 21일, 연세대학교 디지털 금융·가상자산 투자 최고위 과정 강의내용.

55) 이종구 법무법인 김앤장 변호사, 금융혁신 스마트계약과 DAO를 중심으로, 2023년 2월 21일, 연세대학교 디지털 금융·가상자산 투자 최고위 과정 강의내용.

56) https://www.chatany.world/h5/reg.html?invite_code=FM8794

57) 여기서는 블록체인 기반의 암호화폐 중심의 경제, Tokenomics를 의미함.

58) 메타버스경제는 가상세계에서 일어나는 Metanomics를 의미함.

59) NFT(Non-fungible tokens)는 "대체 불가능한 토큰"을 뜻함.

60) CBDC(Central Bank Digital Currency)로 각 국가의 중앙은행이 발행한 디지털화폐를 뜻함.

61) 자료: 보도자료, 과학기술정보통신부 디지털콘텐츠과, 2022.1.21.

62) 암호화폐, 폭락했지만 지금 관심 갖지 않으면 후회할 수 있어요 (홍익희 前교수 / 3부) 인터넷 방송 참고.

63) 자료인용; 안동수 외. 2018.01. 「알기쉬운 비트코인 가상화폐」. Book star

64) http://www.yes24.com/Product/Goods/1509840

65) 삶을 밝히는 글, 너에게서 나를 만난다. https://holi44.tistory.com/347

66) 인용구 김근배, 고전의 지혜로 마케팅의 지평을 넓히다. 리더스북, 2012.02.28, 원페이지북 참조.

67) 정태인, 이수연 저, 협동의 경제학(원제 : 사회적 경제 협동조합 시대의 경제학 원론), 레디앙, 2013.04.10, 원페이지 요약 참조.

68) 박대석 칼럼, 〈'돈' 너머에는 '무'이 있는가〉, 한경닷컴, 2023.01.25, https://www.hankyung.com /thepen/lifeist/article/202301193026Q

69) 정태인, 이수연 저 , 협동의 경제학(원제 : 사회적 경제 협동조합 시대의 경제학 원론), 레디앙, 2013.04.10, 원페이지 요약 참조.

70) 2012 메가트렌드 인 코리아, 한국트렌드연구소 참조.

71) 존 맥스웰 저, 김고명 번역, 비즈니스북스, 2012.10.5 .

72) 스페인 몬드라곤 협동조합, 김성오, 월간노동리뷰 2013년 6월호 pp.47~60https://www.kli.re.kr/_FILE/NEW_PUBLICATIONS/201306040949330004.pdf

73) 서울특별시사회적경제지원센터,미국에도 3만개의 협동조합이 있다. 참조

74) http://www.nanum.com/site/with_academy_1/17033, http://ddaeai.tistory.com/68

75) 동아일보, 연결은 힘이 세다… 우리가 원하는 워너비 세상을 향해, 함께 더 좋은 미래로 가는 디지털 세상의 방주, 2023.2. 6, Stock&Biz 취재팀 기사 인용, 재작성.

냉혹한 자본주의 경영의 대안

따뜻한 자본주의 경영

초판 1쇄 발행 2023년 4월 7일

지은이 안동수
펴낸이 서영애

펴낸곳 대양미디어
주소 04559 서울시 중구 퇴계로45길 22-6, 602호
전화번호 (02)2276-0078
팩스번호 (02)2267-7888
이메일 dymedia@hanmail.net

값 18,000원
ISBN 979-11-6072-110-2 03320